Natur- und Kulturführer

Wahner Heide

von

Holger Maria Sticht

Düsseldorf 2005
www.gaasterland-verlag.de
mail@gaasterland-verlag.de

ISBN 3-935873-07-7

Kartenverzeichnis

INHALT

Vorwort

Mitten im rechtsrheinischen Ballungsgebiet, vor den Toren von Köln und Bonn und unmittelbar erreichbar von rund zwei Millionen Menschen, liegt die Wahner Heide, den meisten als Standort des Flughafens Köln/Bonn und langjähriger Truppenübungsplatz bekannt.

Die Wahner Heide birgt eine außerordentlich vielfältig strukturierte Landschaft, besitzt im Verborgenen wertvolle und wertvollste Einzelbiotope und hat wegen ihrer überragenden Fülle an Tieren und Pflanzen internationale Bedeutung erreicht: Sie ist von der Europäischen Union auf Vorschlag der Bundesregierung zum Flora-Fauna-Habitat-Gebiet (FFH) ausgewiesen worden und gehört damit zum europäischen Naturschutzerbe, und sie ist ein wichtiges internationales Vogelschutzgebiet, hat durch diese Auszeichnung gleichfalls internationalen Schutzstatus.

Und dies, obwohl jahrzehntelang Panzer die Wahner Heide durchpflügt haben. Aber dass der Übungsplatzstatus viele Vorteile hatte, zeigt das heute bekannte, beeindruckende Arteninventar.

Jetzt, da das Belgische Militär abgezogen ist, steht die Wahner Heide vor einer neuen Belastungsprobe: die Erholung suchende Bevölkerung drängt darauf, diese Landschaft zu nutzen. Angesichts der Tatsache, dass die Lebensräume gerade in einem Ballungsraum immer weniger und immer uniformer werden und geworden sind, ein durchaus verständlicher Wunsch, den Reiz einer offenen Heidelandschaft mit ihrer strukturellen Vielfalt hautnah miterleben zu können.

Landreitgras unter jungen Eichen

Foto: Stefan Pütz

Den Naturschutzverbänden ist klar, dass die Wahner Heide mit ihrem hohen ökologischen Wert auf Dauer nur geschützt werden kann, wenn die Bevölkerung um den einzigartigen Wert dieser Landschaft weiß und ein öffentliches Interesse am Fortbestand und Schutz dieses ökologischen Kapitals vor der Haustür besteht! Uns als Naturschützern ist daher nicht im Geringsten daran gelegen, die Bevölkerung von der Wahner Heide fernzuhalten – im Gegenteil: Wir wollen dazu beitragen, dass die Menschen diese schöne Landschaft kennen und lieben lernen.

Der Natur- und Kulturführer Wahner Heide will Ihnen, liebe Nutzerinnen und Nutzer, die Heide auf bekannten und unbekannten Wegen erschließen. Sie sollen sich in der Wahner Heide zurecht finden und ihre Schönheiten und Eigenarten miterleben und erkennen können. Deshalb belassen wir es nicht dabei, Ihnen über die Wahner Heide-Karte Routenvorschläge zu machen, sondern wir wollen Ihnen auch ausführlich und nachvollziehbar vermitteln, was Sie am Wegesrand sehen und hören – aber auch was sich am Horizont beim Blick über die weite Landschaft abzeichnet.

Mein Dank gilt dem Verfasser dieses beeindruckenden Werkes. Ohne seine jahrzehntelange Erfahrung und unermüdliches Engagement hätte es den Natur- und Kulturführer in dieser Form nicht gegeben.

Mark vom Hofe
Vorsitzender der Landesgemeinschaft Naturschutz und Umwelt (LNU) und des Rheinisch-Bergischen Naturschutzvereins (RBN)

Über den Natur- und Kulturführer

Nach dem ersten, längst vergriffenen Buch über die Wahner Heide von 1989, dem ersten, inzwischen ebenfalls vergriffenen Wanderführer Wahner Heide von 2001 folgt nun der erste Natur- und Kulturführer über diese einzigartige Landschaft. Er soll die Lücken, die vorherige Veröffentlichungen hinterlassen haben, schließen und deren Pionierarbeit fortführen.

Die Inhalte dieses Taschenbuches sind an den neun Rundwanderwegen der Wahner Heide ausgerichtet. Auf diese Weise werden komplexe Themen genauso wie kuriose Geschichten für jeden greifbar und vor Ort anschaulich. Gleichzeitig wird Erholung gelenkt, indem nur solches dargestellt und erklärt wird, was von jedem auf dem vorhandenen Wegenetz erschlossen werden kann. Der Natur- und Kulturführer funktioniert also als Wanderführer, genauso aber auch als Lesebuch und Nachschlagewerk gebraucht werden.

Natur und Kultur sind in der Wahner Heide untrennbar miteinander verwoben, sich auf einen dieser Bereiche zu konzentrieren würde keinem gerecht werden. Und so ist der Titel Programm, wenngleich das „Führen" hoffentlich auch als „Verführen" wirkt. Der schönste und nachhaltigste Weg dazu, die Wahner Heide zu schützen, ist, von ihr zu begeistern. Denn nur wer die Wahner Heide schätzen gelernt hat, wird

Dünen in der Südheide • Foto: Holger Sticht

bereit sein, sie zu schützen – beim Konsumverhalten wie auch im Gelände. Ich hoffe, mit dem Natur- und Kulturführer etwas von meiner Begeisterung abgeben zu können.

Ich danke Matthias Dederichs für die kritische Durchsicht der Manuskripte, wichtige Hinweise. Markus Bathen danke ich für das Kartenmaterial, Grafiken und viele wichtige Anregungen. Dr. Inge Bischoff, Dr. Guido Sticht und Heinz Schumacher danke ich für die wissenschaftliche Beratung.

Ich danke außerdem sämtlichen Bildautoren sowie dem Heimat- und Kulturverein Lohmar und dem Heimat- und Geschichtsverein Rechtsrheinisches Köln für die Bereitstellung ihrer Aufnahmen.

Außerdem möchte ich den vielen ehrenamtlichen Mitstreitern im Bündnis Wahner Heide und seinen Vereinen für ihre jahrelange hervorragende Arbeit und Unterstützung danken, ohne die wir die Wahner Heide nicht wie beschrieben vorfinden würden.

Holger Maria Sticht

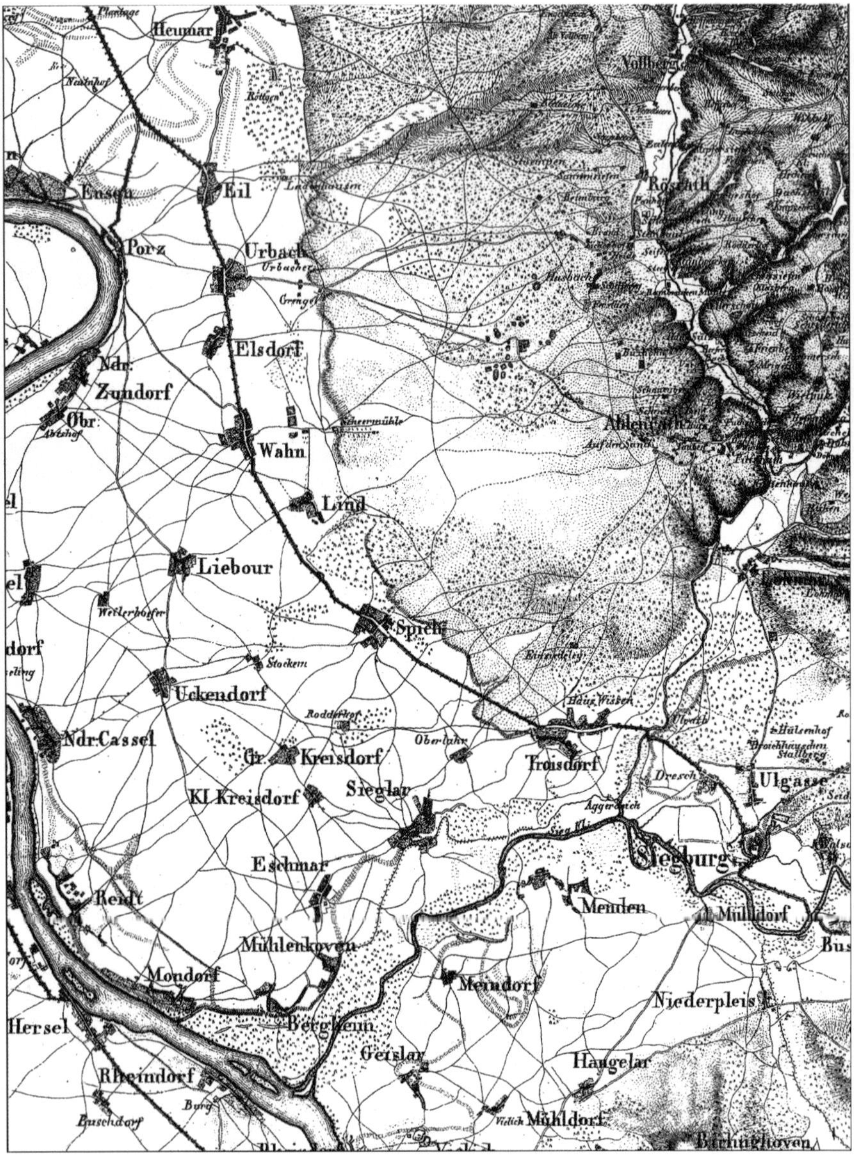

Ausschnitt aus der Kartenaufnahme der Rheinlande durch Tranchot und Müffling 1803-1820. Maßstab 1:25.000

Mit freundlicher Genehmigung des Landesvermessungsamtes NRW

Winter am Güldenberg • Foto: Stefan Pütz

Was Sie über die Wahner Heide wissen sollten…

Geographische Abgrenzung

Als Wahner Heide bezeichnet man heute in etwa jenes Gebiet, das ab 1937 dem Truppenübungsplatz entsprach. Er wird im Osten durch die A3, im Süden durch die geschlossene Wohn- und Gewerbebebauung Lohmars und Troisdorfs sowie im Westen durch den Mauspfad abgegrenzt. Das Gebiet umfasst eine Größe von etwa 5.000 ha. Dazu gehören unter anderem auch rund 1.000 ha Flughafengelände und Siedlungsbereiche wie Hasbach oder Altenrath sowie die Kasernen.

Arten- und Lebensraumvielfalt

Die Wahner Heide ist eines der artenreichsten Heide-, Moor- und Waldgebiete Mitteleuropas. Allein 700 Tier- und Pflanzenarten, die auf der Roten Liste der gefährdeten Arten stehen, konnten hier bis dato nachgewiesen werden.

Binnendüne wandert in Feuchtheide, die von Birken bewaldet wird

Foto: Holger Sticht

Dieser außerordentliche Reichtum gründet sich auf das Vorkommen einer Vielzahl unterschiedlichster Lebensraumtypen: Binnendünen, Sandmagerrasen, Heidemoore, Sandheiden, naturnahe Bäche und Teiche, alte Bruch- und Auwälder, Feuchtwiesen mit Arnika- und Orchideenbeständen und und und...

Geologische Standortbestimmung

Diese Vielfalt von Lebensräumen ist damit zu erklären, dass sich die Wahner Heide im Übergangsbereich zwischen Niederrheinischer Bucht und Rheinischem Schiefergebirge befindet, damit eine abwechslungsreiche Geländegestalt aufweist und verschiedene Bodentypen mit unterschiedlichen Nährstoffverhältnissen, Feuchtigkeitsgraden und Bodenreaktionen vereint. Der Großteil der Wahner Heide befindet sich allerdings auf der Mittelterrasse des Rheins; die natürliche Nährstoffarmut der Flussablagerungen, der tertiären Sedimente und der Flugsande ist eine Grundvoraussetzung für den Bestand heute seltener Arten und Lebensräume.

Klima

Die Wahner Heide wird der subatlantischen Klimazone zugerechnet, das heißt sie steht unter eher maritimem Einfluss. Die Temperaturen sind im Jahresverlauf – verglichen mit einem kontinentalen Klima Osteuropas – ausgeglichen. Die Jahresmitteltemperatur liegt bei etwa 9,5 Grad Celsius, ist damit eine der höchsten der Bundesrepublik. Auch die Niederschläge sind im Jahresverlauf recht ausgeglichen, wenngleich in den Sommermonaten aride Verhältnisse vorherrschen können, das heißt die Verdunstung kann kurzzeitig höher ausfallen als der Niederschlag. An den Niederschlägen kann man sehr schön den Übergang der Wahner Heide von der Niederrheinischen bzw. Kölner Bucht zum Rheinischen Schiefergebirge ablesen. So liegt der Jahresmittelwert im Südwesten bei etwa 700 mm/Jahr, während er im Osten, an den Randhöhen des Schiefergebirges auf 950 mm ansteigen kann.

Heidewirtschaft

Ein anderer entscheidender Grund für die ökologische Vielfalt ist die traditionelle Landwirtschaft, die der Mensch über Jahrhunderte hinweg bis zum Anfang des 20. Jahrhunderts in der Wahner Heide ausgeübt hat. Rinder, Ziegen, Schweine und Schafe wurden in Wälder und abgeholzte Flächen getrieben. Der regelmäßige Verbiss des Viehs, aber auch andere heidewirtschaftliche Nutzungen wie Streu sammeln, Mahd, Imkerei, Plaggenhieb, Niederwaldwirtschaft oder Besenbinderei gestalteten eine strukturreiche mitteleuropäische „Savannenlandschaft". So können auch heute viele Lebensraumtypen, wie zum Beispiel die allseits bekannten Zwergstrauchheiden, nur erhalten werden, wenn der Mensch sie weiterhin nachhaltig nutzt.

Kulturlandschaft

Ein weiterer Grund dafür, dass die Wahner Heide als Kulturlandschaft zu bezeichnen ist, sind die vielfältigsten historischen Nachweise über menschliche Besiedlung und Nutzung. Werkstattplätze aus der Steinzeit, Hügelgräber und eine Burganlage aus der Eisenzeit, Töpferei und Bergbau aus der Frühen Neuzeit machen die Wahner Heide zu einer archäologischen Fundgrube und einem bedeutenden Wissensfundus menschlicher Geschichte.

Militärische Geschichte

Name und Abgrenzung der Wahner Heide sind auf ihre militärische Geschichte zurückzuführen. Ab 1818 dehnte das preußische Militär seine Übungsflächen von der Heide bei Wahn ausgehend nach und nach in die umgebenden Heidegebiete wie beispielsweise die Urbacher Heide oder die

Geologische Karte Wahner Heide

- Herausgegeben vom Geologischen Dienst Nordrhein-Westfalen -

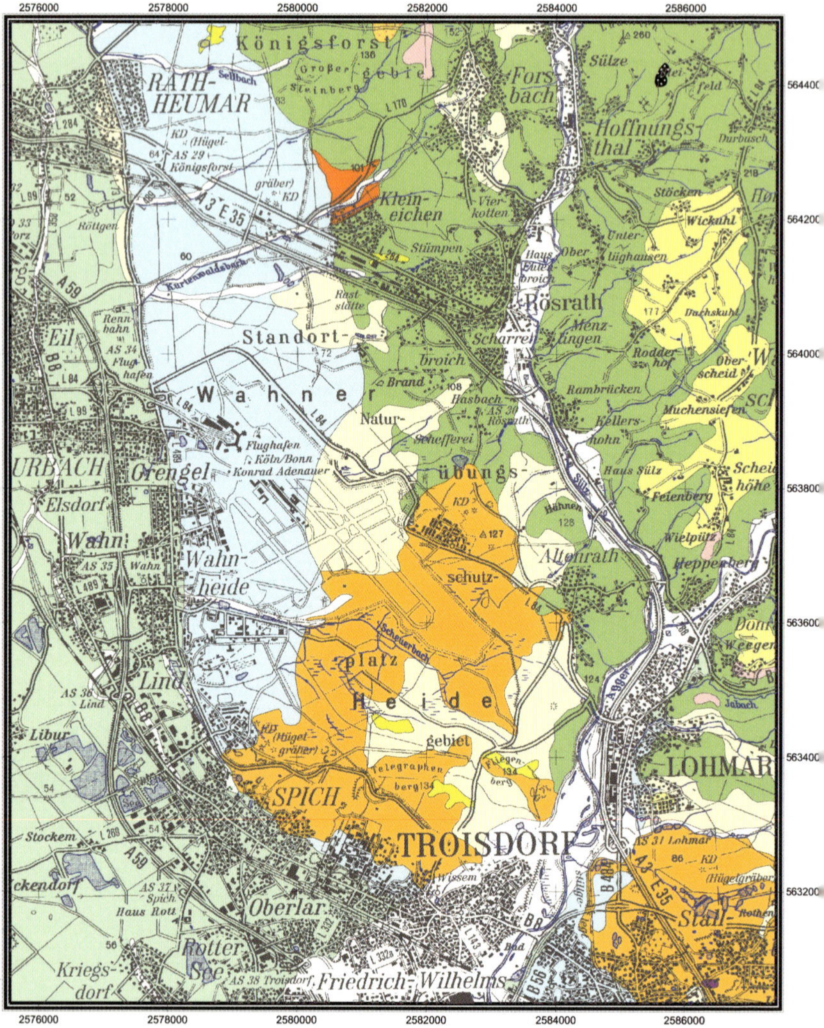

Auszug aus: Informationssystem Geologische Karte von Nordrhein-Westfalen 1 : 100 000

Topogr. Grundlage: TK100 LVermA NRW

0 0.5 1 1.5 2 2.5 Kilometer

Quartär (2,4 Mio. J. v. h. bis Jetztzeit)

- Künstliche Aufschüttung
- Junge Ablagerungen in den Auen
- Niedermoor
- Düne
- Flugsand
- Löss
- Niederterrassen
- Mittelterrassen
- Höhenterrassen

Tertiär (65 - 2,4 Mio. J. v. h.)

- Köln-Schichten (27 - 17 Mio. J. v. h.)
- Grafenberg-Schichten (28,5 - 23,8 Mio. J. v. h.)
- Bergisch-Gladbach-Schichten (30 - 28,5 Mio. J. v. h.)

Devon (418 - 358 Mio. J. v. h.)

- Unterdevon (418 - 392 Mio. J. v. h.)

Tertiäre Vulkanite (24 - 5 Mio. J. v. h.)

- Vulkanite
- Gewässer

Geologischer Dienst NRW

Weitere Informationen:
Geologischer Dienst NRW - Landesbetrieb -
De-Greiff-Str. 195
47803 Krefeld
Tel: 02151/897-0 Fax: 02151/897-505
Email: poststelle@gd.nrw.de
Internet: www.gd.nrw.de

Wolfsheide aus, sodass irgendwann alles als Schießplatz Wahner Heide bezeichnet wurde. Mit einer Unterbrechung zwischen 1926 und 1933 ist die Wahner Heide militärischer Übungsplatz – von 1951 bis 2004 durch die belgischen Streitkräfte, im Anschluss daran durch die Bundeswehr genutzt.

Dieser militärische Status erwies sich als wirkungsvollster Faktor zur Aus- und Eingrenzung anderer Nutzungsformen und bewahrte dieses Gebiet – trotz zahlreicher, teilweise auch militärisch bedingter negativer Einflüsse wie Bebauungen und Entwässerungen – als großflächig unverbrauchte Landschaft. Die Wahner Heide ist damit als einziger großer Rest der einst zusammenhängenden Rechtsrheinischen Heideterrasse – einem 3 – 5 km breiten und von Sankt Augustin im Süden bis zur Ruhr im Norden reichenden Landschaftsband – erhalten geblieben.

Europäisches Schutzgebiet

Seit 1931 steht die Wahner Heide unter Naturschutz. Nachdem der Flughafen in den 1950/60er Jahren mitten in das Naturschutzgebiet hineingebaut worden war, wurde die Wahner Heide 1968 auf 2.630 ha „von Neuem" geschützt und die Naturschutzgebietsgrenze größtenteils um das neu entstandene Flughafengelände herum gelegt.

Heute ist die Wahner Heide in der Größenordnung von 3.000 ha als Vogelschutzgebiet und Flora-Fauna-Habitat-Gebiet international geschützt und in das europaweite Schutzgebietsnetz integriert. Die Naturschutzgebietsverordnung des Regierungspräsidenten von 1968 wird seit 2003 Schritt für Schritt durch die Landschaftspläne der jeweiligen Kreise abgelöst.

Politische Einordnung

Der Landschaftsraum Wahner Heide teilt sich heute auf drei Gebietskörperschaften auf: Auf die Stadt Köln im Norden entfallen etwa 30 % der Fläche, auf den Rheinisch-Bergischen Kreis im Osten und im Zentrum etwa 15 %, und auf den Rhein-Sieg-Kreis im Süden etwa 55 %.

Die Wahner Heide befindet sich überwiegend im Eigentum des Bundes, betreut durch die Bundesanstalt für Immobilienaufgaben.

Ein Ausblick nach der Wende

Zu Beginn des 21. Jahrhunderts vollzieht sich für die Wahner Heide ein tiefgreifender Wandel. Mit dem Abzug der belgischen Streitkräfte 2004 entfiel für den Großteil des Gebiets der Status, der bis dahin am nachhaltigsten vor Flächenverbrauch schützte. So ist die Wahner Heide nun vor baulichen Expansionswünschen weniger wirkungsvoll geschützt.

Auf der anderen Seite konnte der Großteil der Wahner Heide vor allem dank der Naturschutzverbände als europäisches Schutzgebiet nach Brüssel gemeldet und damit einem strengeren Naturschutzstatus unterworfen werden.

Die internationale ökologische Bedeutung der Wahner Heide ist und bleibt abhängig von ihrer nachhaltigen Nutzung durch den Menschen. Deswegen müssen die an der traditionellen Heidewirtschaft angelehnten extensiven Bewirtschaftungen weiterentwickelt und weiter verbreitet werden. Um die Landschaftsentwicklung unabhängiger und umfangreicher zu gestalten, sollte zukünftig neben der Flughafen GmbH auch anderen Institutionen die Möglichkeit gegeben werden, sich an der Optimierung der Landschaft zu beteiligen.

Um die Wahner Heide als international bedeutendes Naturschutzgebiet bewahren zu können, wird es zudem notwendig sein, die zentralen, ökologisch nachweislich nicht ausgleichbaren Bereiche der Wahner Heide auf dem Flughafengelände südlich der Querwindbahn dauerhaft zu sichern.

Da der Bebauungsring um die Wahner Heide herum Jahr für Jahr enger gezogen wird, wird es ebenso von entscheidender

Morgenstimmung in der Nordheide

Foto: Stefan Pütz

Heidetümpel zwischen Binnendünen und Birken - Vorwäldern

Foto: Holger Sticht

Bedeutung sein, den Biotopverbund mit den angrenzenden Restgebieten der Heideterrasse schnellstens in die Planungen einzubeziehen und wiederherzustellen. Die Potenziale des Naturschutzgebiets Königsforst im Norden und der Naturschutzgebiete des Lohmarer Waldes im Süden müssen mit jenen der Wahner Heide zusammengeführt werden, um ein dauerhaft tragfähiges Schutzgebiet „Südliche Heideterrasse" in der Größenordnung von 10.000 ha zu entwickeln. Und für diese südliche Heideterrasse sollte ein abgestimmtes Nutzungskonzept umgesetzt werden, durch einen Trägerverband und eine möglichst viele Zuständigkeiten vereinende Verwaltung.

Mit dem Abzug der belgischen Streitkräfte ging vor allem ein Wandel der Erholungsnutzung einher. Die Wahner Heide kann nun an jedem Wochentag genutzt werden, und auch aufgrund der nun deutlich geringeren militärischen Präsenz entfallen begrenzende Faktoren für den Erholungssuchenden.

Entscheidend wird sein, Erfahrungen, die in anderen Gebieten wie beispielsweise in der Lüneburger Heide längst gemacht wurden, mit einzubeziehen und zu verwerten. Das Interesse der Bevölkerung an der Landschaft muss zu allererst als Chance, nicht als Bedrohung wahr genommen und in verwertbare Bahnen gelenkt werden.

Genauso wie es eine Kernzone ohne Jagd, Forstwirtschaft und Erholungsnutzung geben und die westliche Abriegelung dieses zentralen Gebiets erhalten werden muss, muss auf dem Restgebiet der Wahner Heide ein funktionsfähiges Wegenetz zur Verfügung gestellt, die Bevölkerung mittels Veranstaltungen und für alle Städte und Stadtteile nutzbaren Einrichtungen von der Landschaft „gefesselt" werden.

Über das Wandern in der Wahner Heide

Darstellung der Wege

In diesem Buch, aber auch in allen aktuellen offiziellen Gebietskarten sowie auf den Eingangsschildern im Gelände sind nur solche Wege eingezeichnet, die genutzt werden dürfen. Bestehende, aber aus militärischen, Sicherheits- oder Naturschutzgründen nicht für die Öffentlichkeit frei gegebene Wege sind nicht dargestellt. Dies erleichtert nicht gerade die Orientierung, fördert aber die Erholungslenkung. Haben Sie daher bitte Verständnis und achten Sie auf die Kennzeichnungen im Gelände.

Kennzeichnungen im Gelände

Für die Öffentlichkeit frei gegebene Wege sind im Gelände rot markiert, häufig mit rot angestrichenen Holzpfählen. Das INFOzentrum Wahner Heide kennzeichnet die Rundwanderwege mit den jeweiligen Piktogrammen, die auch der Natur- und Kulturführer verwendet. Wege und Flächen ohne diese Kennzeichnungen stehen Ihnen nicht zur Verfügung.

Wahner Heide Karte

Die offizielle Wanderkarte der Wahner Heide, die Wahner-Heide-Karte der NRW-Stiftung, erhalten Sie im Informationszentrum Wahner Heide sowie über die meisten Buchhandlungen rund um die Wahner Heide. In einem Maßstab von 1:12.500 bekommen Sie eine vollständige und detaillierte Übersicht über das Wander-, Rad- und Reitwegenetz, Flur- und Wegenamen sowie über die kulturhistorischen Relikte des Gebiets.

Hinweise zur Benutzung der Wege

Es ist in der Regel festes Schuhwerk zu empfehlen. Die Fliegenberg-Tour aber ist ab dem Mauspfad weitgehend auch als Barfuß-Wanderweg nutzbar.

Für Kinderwagen sind die Rundwanderwege nur streckenweise gut, für Rollstuhlfahrer überwiegend nicht geeignet. Rollstuhlfahrern ist ebenso wie Radfahrern und Reitern die Wahner Heide Karte mit dem Rad- und Reitwegenetz zu empfehlen.

Seit 2004 kann man das gekennzeichnete Wegenetz an jedem Wochentag nutzen.

Im Süden der Wahner Heide besteht der Standortübungsplatz der Bundeswehr. Aufgrund von Geländeübungen kann es schon einmal, stellenweise und für einen kurzen Zeitraum, zu örtlich gekennzeichneten Sperrungen von Wegen kommen.

Blumen sollen blühen, wo sie wachsen

Lassen Sie Pflanzen bitte stehen. Auch wenn mancherorts Orchideen oder Nelken ganze Blütenteppiche bilden, darf nie vergessen werden, dass diese Arten oft deutschlandweit vom Aussterben bedroht sind und in der Wahner Heide eines ihrer letzten Rückzugsgebiete finden. Blumen zu pflücken bedeutet, die Fortpflanzung und damit die Arterhaltung zu unterbinden, und ist deswegen untersagt. Das gilt grundsätzlich für das Entnehmen von Pflanzen und Tieren.

Auch Hunde müssen Rücksicht nehmen

Wenn Sie in Begleitung Ihres Hundes spazieren gehen, dann halten Sie ihn bitte an der Leine.

Grundsätzlich gilt, dass Hunde von Vögeln und anderen wildlebenden Tieren als Feinde angesehen werden und die natürliche Fluchtreaktion auslösen. Sie wissen nichts von Ihrer guten Erziehung.

Besonders in den baumarmen Heidegebieten leben viele Tierarten, die auf dem Boden ihr Nest oder ihre Kinderstube anlegen. Da einige Vogelarten zweimal im Jahr brüten, besteht die Gefahr von Frühjahr bis Spätsommer, dass ein freilaufender Hund, von Ihnen oft unbemerkt, hinter einem Busch ein Nest aufspürt und die Altvögel aus Angst ihre Brut aufgeben. Das ganze Jahr über können frei laufende Hunde eine Gefahr für Wildarten und die Viehherden darstellen.

Keine Blumen pflücken

Kein Feuer

Hunde anleinen

Müll einsammeln

Kein Lärm

Tiere nicht stören

Wege nicht verlassen

Natürlich stammt auch Ihr Hund vom Wolf ab, und der ist ein natürlicher Bestandteil unserer Landschaft gewesen. Nur könnte die Wahner Heide unter natürlichen Umständen nicht einmal einem Wolfsrudel Lebensraum bieten! Sie kann also die gewünschte Anzahl von Hunden leider nicht aufnehmen.

Naturschutzgebiet - kein Sportplatz

Der Golfplatz ist ebenso wenig als Naturschutzgebiet geeignet wie das Naturschutzgebiet zum Golf spielen. Dasselbe gilt für alle sportlichen Freizeitbeschäftigungen. In der Vergangenheit hat unangemessenes Freizeitverhalten mehrfach zur Aufgabe von Brutstätten zum Beispiel bei Wasservogelarten geführt. Der Fortbestand einiger Arten ist abhängig vom rücksichtsvollen Verhalten der Besucher.

Picknick - eingeladen beim Gastgeber Natur

Wer bei seiner Wanderung rastet, sollte auch dies mit dem gebührenden Respekt für das Gebiet tun. Grillen, Lagerfeuer und Rauchen können in dem vielerorts sehr trockenen Gelände Flächenbrände auslösen und sind daher nicht erlaubt. Dass man seine Abfälle wieder mitnimmt, ist selbstverständlich. In der Wahner Heide befinden sich keine Müllbehälter.

Landschaftswacht

Im Auftrage des jeweiligen Kreises sind Landschaftswächter im Gelände, zu Fuß, auf dem Rad oder zu Pferd unterwegs, welche für die Einhaltung der Verordnungen Sorge tragen.

Heidenelkenblüte

Foto: Dominikus Rothkopf

Ausblick auf das Becken 2, 2004 • Foto: Holger Sticht

20.2.2011

Eilerberg-Tour

Von Quelljungfern und Seekannen

Strecke: 6,2 km

Piktogramm: Libelle

Der Rather **Mauspfad** ist ein geeigneter Ausgangspunkt für eine Wanderung in die Wahner Heide. Nicht nur wegen der hervorragenden Anbindung an Stadt- und Autobahn.

Der seit Jahrhunderten belegte Verlauf des Mauspfads entlang der etwa 10 m hohen Geländekante zwischen der Nieder- und der Mittelterrasse des Rheins ist bis heute weitgehend erhalten geblieben. Und so markiert dieser Teil einer alten Landstrasse, die den Taunus mit dem Niederrheinischen verband, die westliche geologische Grenze der Rechtsrheinischen **Heideterrasse** und damit auch der Wahner Heide.

Wir folgen dem Mauspfad in Richtung Porz, über die A3 hinweg.

Über den Namen ist schon viel spekuliert worden. Häufig wurde vermutet, das heutige „Maus" ließe sich auf die einstige Erhebung einer Maut zurückführen. Tatsächlich leitet sich nach **Carl Rademacher**, ehemaliger Direktor des Städtischen Museums für Vor- und Frühgeschichte, der plattdeutsche Originalname „Muuspaad" ab aus dem Begriff

„Mus", was „Morast" bedeutet. Der Mauspfad ist also ein Weg, der an einer sumpfigen Niederung entlangführt. Tatsächlich markiert diese Straße ja bis heute die Grenze der Niederterrasse des Rheins, die durch große Rheinhochwasser – überliefert ist zum Beispiel die verheerende Hochwasserkatastrophe von 1784 – geflutet wurde.

Aber auch Giesbach und Selbach – letzterer wurde 1872 weiter nördlich am Mauspfad in den Flehbach umgeleitet – entwässerten hier die Mittelterrasse in die tiefer gelegene Niederterrasse, und führten hier im Frühjahr regelmäßig zu Überschwemmungen. So soll **Malaria** bis ins 19. Jahrhundert hinein in Rath und Heumar verbreitet gewesen sein, denn bei günstigen Temperaturen konnte sich die den Erreger übertragende Mückenart der Gattung Anopheles in den zahlreichen Pfützen und Tümpeln gut entwickeln.

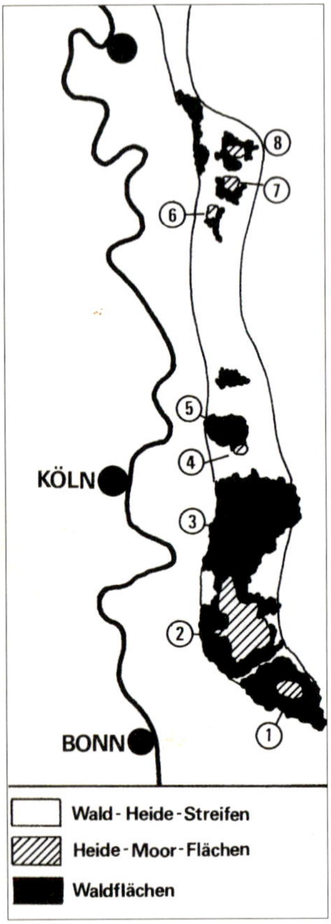

Die schutzwürdigen Reste der Heideterasse:

1 Stallberger Teiche
2 Wahner Heide
3 Königsforst
4 Thielenbruch
5 Dünnwald
6 Further Moor
7 Ohligser Heide
8 Hildener Heide

Dr. Bruno P. Kremer

Als **Rechtsrheinische Heideterrasse** bezeichnet man ein 3-5 km breites und von der Hangelarer Heide bei Sankt Augustin im Süden bis etwa zur Ruhr im Norden reichendes Landschaftsband. Es deckt sich weitestgehend mit der Mittelterrasse des Rheins, ist unter anderem geprägt durch 150.000 bis 400.000 Jahre alte, kiesige und sandige Ablagerungen dieses Stromes.

Nieder-, Mittel- und Höhenterrasse sind entstanden, weil sich der Rhein jeweils während der wärmeren Zwischeneiszeiten – in denen er größere Wassermengen mit sich führte als in den Eiszeiten – in eine tiefere Stromrinne einschnitt, und sich zeitgleich das Schiefergebirge noch emporhob.

Keine 50 m vor der Eisenbahnbrücke geht es einen sandigen Weg links in den Wald hoch.

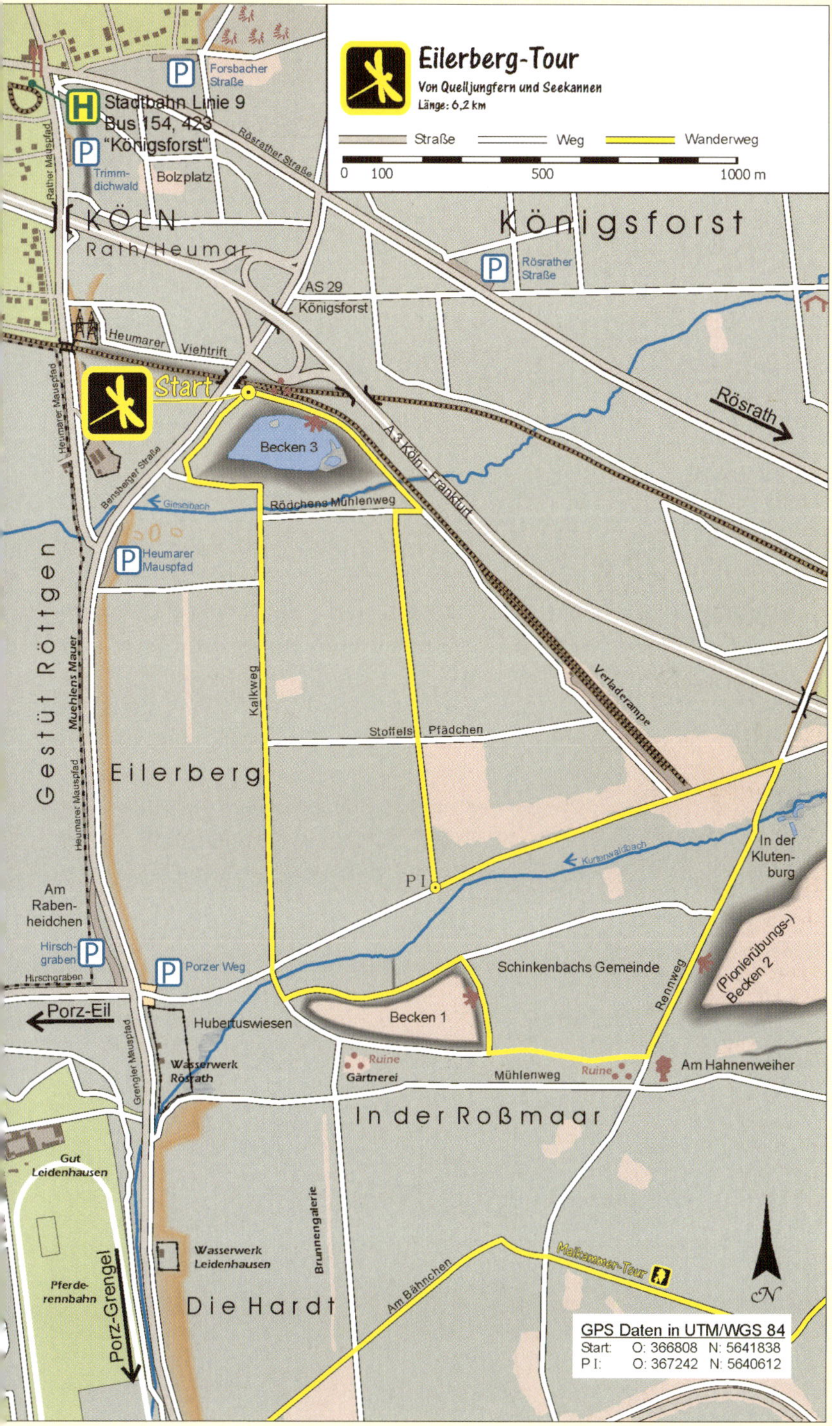
Eilerberg-Tour
Von Quelljungfern und Seekannen
Länge: 6,2 km
Straße
Weg
Wanderweg
0
100
500
1000 m
Forsbacher Straße
Stadtbahn Linie 9
Bus 154, 423
"Königsforst"
Trimm-dichwald
Bolzplatz
Rösrather Straße
Rather Mauspfad
KÖLN
Rath/Heumar
Königsforst
Rösrather Straße
AS 29
Königsforst
Heumarer
Viehtrift
Start
Rösrath
Heumarer Mauspfad
Becken 3
A 3 Köln - Frankfurt
Bensberger Straße
Giessbach
Rödchens Mühlenweg
Heumarer Mauspfad
Gestüt Röttgen
Muehlens Mauer
Kalkweg
Verladerampe
Stoffels Pfädchen
Eilerberg
Heumarer Mauspfad
In der Klutenburg
Kurtenwaldbach
P I
Am Rabenheidchen
Hirschgraben
Porzer Weg
Hirschgraben
Schinkenbachs Gemeinde
Rennweg
(Pionierübungs-) Becken 2
Porz-Eil
Hubertuswiesen
Becken 1
Grengler Mauspfad
Wasserwerk Rösrath
Ruine
Gärtnerei
Mühlenweg
Ruine
Am Hahnenweiher
In der Roßmaar
Gut Leidenhausen
Brunnengalerie
Wasserwerk Leidenhausen
Pferderennbahn
Porz-Grengel
Die Hardt
Am Bähnchen
Malkammer-Tour
N
GPS Daten in UTM/WGS 84
Start: O: 366808 N: 5641838
P I: O: 367242 N: 5640612

Der unregelmäßige Brutvogel und ein Irrgast 2003: Graureiher und Silberreiher

Foto: Dirk Ferber

Der ursprüngliche Verlauf der **Heumarer Viehtrift**, die uns zum Naturschutzgebiet führt, ist heute aufgrund von zahlreichen Baumaßnahmen des 20. Jahrhunderts nicht mehr vollständig nachvollziehbar. So müssen wir beim Aufstieg auf die Mittelterrasse eine kleine, in die Terrassenkante gebaggerte Senke durchwandern. Es ist die ehemalige Trasse jener Feldbahn, die Sand und Kies für den Bau der Kölner **Südbrücke** von der Königsforster Grube – in der ab 1920 die „Göttersiedlung" gebaut wurde – zur heute noch bestehenden Bahnlinie Köln-Overath beförderte.

In diesem Bereich sind die Bauern aus Heumar mit ihren Rindern, Schweinen oder Schafen über Jahrhunderte hinweg auf die Heideterrasse gewandert, unter anderem um das Vieh mit Eicheln zu mästen.

Parallel zu der Eisenbahnstrecke geht es auf der Viehtrift zur Bensberger Straße. Hier führt eine Brücke über die Bahnstrecke,

Kiesabbau im Becken 3

Foto: Holger Sticht

und die Schilder weisen uns bereits von weitem den Einstieg ins Naturschutzgebiet auf der gegenüberliegenden Seite.

Nicht natürlichen Ursprungs ist das **Becken 3**, dessen abfallende Böschung unseren Wanderweg gleich nach dem Eintritt in das Naturschutzgebiet markiert. Das Betreten der Grube ist wegen der Schonung teils seltener Wasservogelarten nicht erlaubt, aber an der Nordseite, auf der Seite der still gelegten militärischen Gleise, bietet sich ein Ausblick, der für manches entschädigt. Wer sich vorsichtig nähert, kann von hier oben mit etwas Glück den scheuen **Graureiher** *Ardea cinerea* beim Fischen beobachten, oder den weniger scheuen Bläßrallen *Fulica atra* bei ihren Revierkämpfchen zusehen.

Artenreiches Röhricht

Foto: Holger Sticht

Ihren leidenschaftslosen Namen bekam diese Kiesgrube als jüngste von drei Abgrabungen der nördlichen Wahner Heide. Das devonische Festgestein des Rheinischen Schiefergebirges tauchte bei der Auskiesung fünf statt der erwarteten hundertfünfzig Meter unter den darauf gelagerten Rheinkieseln auf. Kurz nach Ende des Abbaus 1986 füllte sich die Kiesgrube mit dem Grundwasser, das auf dem Festgestein verläuft.

Der überwiegend flache See weist trotz seines geringen Alters eine artenreiche, naturnahe Verlandungszonierung mit **Schilfröhricht** *Scirpo-Phragmiteum australis* und einer üppigen Schwimmblattvegetation auf. Schwimmendes Laichkraut *Potamogeton natans* und die im Juni/Juli satt gelb blühende Seekanne *Nymphoides peltata* bestimmen das Bild. Unter Wasser läuft Nuttalls Wasserpest *Elodea nuttallii*, seit 1953 in

Seekannenblüt im Becken 3

Foto: Dirk Ferber

Deutschland bekannter nordamerikanischer Neubürger, der Kanadischen **Wasserpest** *Elodea canadensis* den Rang ab. Letztere verbreitete sich ab 1854 massenhaft vom Botanischen Garten Berlin aus über ganz Deutschland – daher auch der wenig schmeichelhafte deutsche Name.

Welche dieser zahlreichen Pflanzenarten nun durch die unterschiedlichen Wasservögel – vom Fischadler *Pandion haliaetus* bis zur **Schnatterente** *Anas strepera* nutzten schon Durchzügler aus vieler Herren Länder den See als Raststätte – oder durch die „Entrümpelungsaktionen" von Gartenteichbesitzern eingebracht worden sind, lässt sich nicht mehr genau nachvollziehen.

Es ist nicht umsonst untersagt, Tiere oder Pflanzen in das Naturschutzgebiet einzubringen. Die Erfahrung zeigt, dass heimische Vertreter der Flora und Fauna durch das abrupte Auftreten neuer Arten in arge Bedrängnis gebracht werden können, und dass es, wie im Falle der Kanadischen Wasserpest, mehr als hundert Jahre dauern kann, bis sich das ökologische Gleichgewicht auf die Neubürger einpendelt.

Ein weiterer, sowohl optisch als auch akustisch sehr auffälliger nordamerikanischer Neubürger ist die **Kanadagans** *Branta canadensis*. In den 1960er war sie im Rheinland noch als gelegentlich auftretender Gefangenschaftsflüchtling, seltener als Wintergast aus den schwedischen Einbürgerungen bekannt. Insbesondere seit Ende der 1990er hat diese Art enorm zugenommen und besiedelt seitdem auch die Wahner Heide.

Feldsandlaufkäfer bei der Paarung

Foto: Jörg Kammel

Selbst **Sandwege** stellen wertvolle Lebensräume dar, und sie können nur durch ihre Nutzung erhalten werden. Deswegen ist eine Nutzungsaufgabe insbesondere sonnenexponierter Wege oft nicht sinnvoll. Für das Flachland Nordrhein-Westfalens sind unbefestigte Wege wie die der Wahner Heide durch die Landesanstalt für Ökologie als stark gefährdeter Lebensraum eingestuft worden.

In der Wahner Heide dürfen Wege aus diesem Grund nicht baulich verändert werden, daß heißt, es darf beispielsweise keine Planierung und kein Einbau ortsfremden Materials vorgenommen werden. Zahlreiche Tier- und Pflanzenarten danken uns das. Den in NRW stark gefährdeten **Federschwingelrasen** mit dem Namensgeber *Vulpia myuros*, dem Roten Straußgras *Agrostis capillaris* und dem grau-grünen Zwerg-Filzkraut *Filago minima* findet man immer wieder entlang von Sandwegen, so auch hier. Verschiedene Bienenarten nisten hier, aber auch der durch sein grün schimmerndes Chitinkleid auffällige **Feld-Sandlaufkäfer** *Cicendela campestris*. Mal kurze Strecken fliegend, mal rennender Weise weicht er Spaziergängern aus, um im nächsten Moment wieder Jagd zu machen auf kleinere Kerbtiere. Sie alle bewohnen von Natur aus Binnendünen und Flugsandfelder, die aber auch in der Wahner Heide in der Mehrzahl derzeit bewaldet oder aufgeforstet sind.

Kolonie der Seidenbienen

Foto: Holger Sticht

Entlang des verwilderten Gleises geht es ein erstes Mal über den Giesbach, und danach bei nächster Gelegenheit in den Wald – um dem Autobahnlärm zu entgehen. Die

Belgische Biwakierung 1993

Foto: Holger Sticht

Markierungen weisen den Weg zur nördlichsten Heidefläche der Wahner Heide.

Eine historische Heidefläche ist sie nicht, dies lassen schon die teils schnurgeraden Abgrenzungen erahnen. Im Nahbereich des militärischen Bahnhofs benötigten die belgischen Streitkräfte einen **Biwakierungsplatz**, also einen Platz für Zeltlager. In der 2. Hälfte des 20. Jahrhunderts wurden hier mehrmals jährlich solche Zeltlager errichtet. Heute wird die Fläche alle paar Jahre, wenn sich die Population nach rigorosem Abschuss wieder erholt hat, durch eine Wildschweinrotte zerwühlt und so als offener Lebensraum erhalten. Die Schweine sind also die Erfinder des Plaggenhiebs, nicht die Heidebauern. Allerdings lassen die Schweine die Grassoden verständlicherweise in der Fläche liegen. So werden zwar Sandmagerrasenarten wie das gefährdete Hundsveilchen *Viola canina* oder das als Antidepressivum populäre **Tüpfel-Johanniskraut** *Hypericum perforatum* mosaikartig gefördert, genauso aber auch konkurrenzstärkere Arten wie das über einen Meter hoch wachsende Landreitgras *Calamagrostis epigejos*.

Nur eine häufigere Nutzung, zum Beispiel eine Beweidung oder – wie 2002 – ein Brand können den Siegeszug der **Spätblühenden Traubenkirsche** *Padus serotina* bremsen. Diese durch den Menschen eingeführte, sich selbst ausbreitende Baumart aus dem östlichen Nordamerika kann eine offene Heidefläche in „Windeseile" in einen Wald verwandeln und ist in Offenlandbereichen, aber auch in Wäldern zu einem für

Verschneite Reste des Johanniskrauts auf dem Magerrasen an der Verladerampe

Foto: Holger Sticht

heimische Arten problematischen **Neophyten** geworden. Neophyten sind Pflanzenarten, die seit Entdeckung der Neuen Welt, also ab 1492, in Mitteleuropa aufgetaucht sind.

Wenige Meter weiter treffen wir auf das Ende der militärischen Gleise, den als **Verladerampe** getauften militärischen Sackbahnhof. In den 1950er durch die belgischen Streitkräfte erbaut diente die Rampe über Jahrzehnte hinweg der Ver- und Entladung von Material und als Station für Soldaten aus dem heimatlichen Belgien. Die Gleise sind heute verwaist, der Rückbau der Betonfläche ist als Kompensationsmaßnahme vorgeschlagen worden.

Die Piste, die die belgischen Soldaten früher zur Kaserne „Camp Altenrath" führte, geleitet uns über den **Kurtenwaldbach**.

Benannt nach seinem Quellgebiet, dem Kurtenwald bei Rösrath-Kleineichen, ist dieser Sandbach an manchen Abschnitten begradigt worden, so auch hier an der Tunnelung des Rennwegs. Es gibt aber noch naturnahe Abschnitte mit dem europaweit als prioritär – das bedeutet höchstmöglicher Schutzstatus – eingestuften **Erlenauwald**.

Die alten, Namen gebenden Schwarzerlen, die wir unmittelbar am Bachufer erkennen können, sind ebenso Bewohner dieses Lebensraums wie die Schmerle *Barbatula barbatula*, eine kleine Fischart, die Gebirgsstelze *Motacilla cinerea*, der Bachflohkrebs *Rivulogammarus pulex* und die Zweigestreifte

Prioritärer Lebensraum: Die Erlenaue des Kurtenwaldbachs

Foto: Holger Sticht

Quelljungfer *Cordulegaster boltoni*. Letztere ist die größte bei uns vorkommende Libellenart, ein Bewohner sauberer Bäche vor allem des Mittelgebirgsraums. Im Hochsommer kann man die Patroullienflüge der Männchen vom Weg aus gut beobachten.

Der Rennweg bringt uns zur größten Grube der Wahner Heide, dem **Pi-Becken 2**. Ein kurzer Abstecher vom Wanderweg aus eröffnet uns einen schönen Ausblick.

Der Name steht für das „zweitälteste Pionierübungsbecken". Der Name soll es suggerieren, aber aus militärischen Gründen ist die Grube nicht angelegt worden. Übungen von Pioniereinheiten haben hier nie statt gefunden, stattdessen profitierten die Belgier, der Bund als Eigentümer und ein Tiefbauunternehmer von dem im Naturschutzgebiet und auf dem Truppenübungsplatz eigentlich nicht genehmigungsfähigen kommerziellen **Kiesabbau**.

Von Mitte der sechziger bis Mitte der siebziger Jahre wurden hier Sande und Kiese des Rheins abgetragen. Dies stellte

Größte Libellenart der Wahner Heide: Die Zweigestreifte Quelljunger

Foto: Beat Schneider

zunächst einmal einen erheblichen Eingriff in Natur- und Landschaft dar. Doch im Laufe der Jahre wurde der „Krater" zum Ersatzlebensraum für einige spezialisierte und hochgradig gefährdete Arten der Heide und des **Ödlands**, weil es in der Grube noch großflächige offene Sandböden gab.

Doch Birken und Kiefern eroberten langsam aber sicher den kargen Sandboden und drohten, die seltenen Heidebewohner zu verdrängen. Der inzwischen in ganz NRW akut vom Aussterben bedrohte **Steinschmätzer** brütete hier 1987 das letzte Mal. Damit er sich wieder ansiedeln, und sich zum Beispiel die Heidelerche weiterhin halten kann, wird der Stockausschlag der Birken regelmäßig abgeholzt und die offenen Flächen mit Ziegen beweidet.

Rentierflechte

Foto: Werner Funken

Zur zusätzlichen Schonung der gefährdeten Arten soll die Grube nicht betreten werden. Aber den wohltuend weich flötenden, melancholischen Fluggesang der **Heidelerche** kann man auch sehr gut von der Aussichtstelle aus vernehmen, insbesondere von März bis Mai.

Anfang der 1980er veranstalteten die belgischen Streitkräfte im Becken 2 einen Tag der offenen Tür mit lautem Übungsschießen und Panzermanövern.

Der Rennweg führt uns hinab in das ehemalige **Mühlenbachtal**. Den Mühlenbach selbst, der durch das Becken 2 förmlich geschluckt wurde, suchen wir vergebens. Zwei alte, einzeln stehende Hudeeichen haben die alljährlichen Überschwemmungen des Mühlenbachs noch „miterlebt" und erinnern daran, den Rennweg bei der nächsten Gelegenheit zu verlassen.

In der Kölner Bucht gefährdeter Bachspezialist: Die Gebirgsstelze

Foto: Stefan Günter Ott

Die mehr als hundertjährige, und dennoch namenlose preußische Piste führt uns an eine der letzten **Fichtenforste** der Wahner Heide vorbei. Der eine oder andere Orkan, insbesondere die stürmische Wiebke im Frühjahr 1990, hat hier seine Spuren in der nicht standortgerechten Nadelbaumkultur hinterlassen. Doch die monotonen Laubbaum-Aufforstungen, die an die Stelle der Fichten getreten sind, tun der Heide und ihren Bewohnern erst einmal nicht viel besser.

An der Grubenböschung führt der Rundwanderweg rechts hoch, vorbei an den alten belgischen Schützengräben zur Rechten, hin zur Aussichtsstelle des **Becken 1**.

Die älteste der drei Kiesgruben in der Nordheide wurde in den 30iger Jahren des 20. Jahrhunderts unter anderem für den Bau der Gestüt-Röttgen-Mauer, auch Muelhens Mauer genannt, genutzt. Umweit von hier sind ja noch die Fundamente der Zaunanlage und der Toreinfahrt der Gärtnerei des **Gestüt Röttgen**, die zwischen den beiden Weltkriegen errichtet und wieder aufgegeben wurde, zu besichtigen.

Das Becken 1 hat von allen Gruben der Nordheide die höchste Sohle und ist daher sehr trocken. Nur wenn die künstliche Zuleitung vom Kurtenwaldbach aus in Betrieb ist, wird es in Teilen der Grube nass.

Wenn wir zum zweiten Mal auf den Kurtenwaldbach treffen, wird klar, dass wir uns auf dem Rückweg befinden. Ihn, und den darauf folgenden Porzer Weg überqueren wir und wandern geradeaus auf den Kalkweg.

Hier geht es durch das Gebiet des **Eilerbergs**. Noch nicht einmal von einem Hügel kann hier die Rede sein. Gemeint ist die von Eil aus gesehen 10 m hohe Anhöhe der Mittelterrasse, welche die Eiler auf dem Weg in ihren Gemeindewald „erklimmen" mussten.

Die Eiler waren bis Ende des 19. Jahrhunderts zum großen Teil Besenbinder. Außerdem galt Eil als das Dorf der **Wilddiebe**. Tatsächlich lebten hier einige vom Fallen stellen, und es wird von Eilern berichtet, die ihr Frettchen stets im Hemd oder in der Hosentasche bei sich trugen. Mit Frettchen, domestizierten Iltissen, jagt man bis heute Wildkaninchen.

Frühlings-Mistkäfer beseitigen einen überfahrenen Teichmolch

Foto: Holger Sticht

Kaum eine Tiergruppe verdeutlicht den Artenreichtum der Wahner Heide so eindrucksvoll wie die **Käfer**. Köhler und Stumpf fanden hier bis 1996 mehr als 2.000 Arten. Sie bezeichnen die Wahner Heide vom koleopterologischen (käferkundlichen) Standpunkt aus als bundesweit sehr bedeutsames Naturschutzgebiet.

Nun sind die allermeisten Käferarten so klein oder führen ein solch verborgenes Leben, dass diese ernorme Vielfalt von „Normalsterblichen" leider nicht auf Anhieb erfasst werden kann. Das zeigt, wie unerlässlich regelmäßige wissenschaftliche Erhebungen und Überwachung („**Monitoring**" auf neu-deutsch) dabei sind, das Richtige in der Landschaft zu unternehmen. In einem Flora-Fauna-Habitat-Gebiet, einem EU-Naturschutzgebiet, wie es die Wahner Heide darstellt, ist der Mitgliedsstaat zu diesem Monitoring verpflichtet. Es wird Zeit, dieser Verpflichtung in vollem Umfang gerecht zu werden.

Umso froher stimmen uns die leuchtend schwarz-blauen Gesellen, die uns torkelnder Weise im wahrsten Sinne des Wortes über den Weg laufen. Denn die **Mistkäfer** – meist sind es die häufigen Waldmistkäfer *Geotrupes stercorosus*, mit deutlichen Längsfurchen auf der Flügeldecke, und der grünblau schimmernde Frühlingsmistkäfer *Geotrupes vernalis* – spielen die meiste Zeit des Jahres „**Gesundheitspolizei**", vor allem dort, wo es für sie die meiste Nahrung gibt. Sie vertilgen den Kot der verschiedensten Tiere, auch sehr gerne Exkremente des Menschen, und sie legen senkrechte, Dezimeter tiefe Erdgänge mit Brutkammern unter diesen Kothaufen an, in welchen sie den Nahrungsvorrat für die noch schlüpfenden Engerlinge verstauen. Nur sind diese reichsten Nahrungsgründe auch die gefährlichsten, und so finden wir viele Käfer überfahren vor. So tragisch dies fürs Individuum ist – der Arterhaltung scheint das, wie jedes Jahr aufs Neue zu beobachten ist, in keiner Weise abträglich zu sein.

Ein zweites Mal ist der Giesbach zu überqueren. Er war noch bis in die 1990er hinein einer der zwei bedeutenden Krebsbäche der Wahner Heide, bis es auch hier zu einem Bestandseinbruch infolge der Krebspest gekommen ist. Lange blieb der Edelkrebs *Astacus astacus* hier unbehelligt, weil der Giesbach seit jeher nahe des Mauspfades von Natur aus versickerte – seit Anfang des 20. Jahrhunderts mündet er im abflusslosen Teich des Gestüt Röttgen – und damit von anderen Fließgewässern isoliert war.

Die Krebspest trat erstmals um 1860 in Europa auf und wurde vermutlich mit nordamerikanischen Kamberkrebsen *Orconectus limosus* eingeschleppt, die überwiegend resistent gegen diese Seuche sind, aber als Überträger fungieren. Bis 1940 waren fast alle mitteleuropäischen Bestände zugrunde gegangen. Die amerikanischen Krebse hatten alle Zeit der Welt, sich an diesen Pilz anzupassen, unsere europäischen Vertreter nicht. Dieses Beispiel zeigt eindrucksvoll, welche fatalen Folgen es haben kann, Tiere und Pflanzen auszusetzen.

Aufgrund des Straßen- und Autobahnbaus und entsprechender Verbauung und Begradigung befindet sich der Giesbach auf Wahner-Heide-Gebiet auf nahezu der gesamten Strecke in keinem naturnahen Zustand mehr. Aber da sich Ober- und Mittellauf im unbebauten Königsforst befinden, gilt seine Wasserqualität als gut bis sehr gut.

Auch das Becken 3 lernt man hier von der anderen Seite kennen. Leider versperren die Erlen- und Robinienaufforstungen den Blick auf die Wasserfläche. Die asphaltierte Straße, auf der einst die LKW den Kies aus der Heide verfrachteten, führt um das Becken herum und zum Ausgangspunkt zurück.

Reiherenten im Morgennebel

Foto: Dirk Ferber

Eichenhudewald • Foto: Stefan Pütz

Maikammer-Tour

Unter den alten Hudeeichen

Strecke: 7 km

Piktogramm: Eichenblatt

17.4.2011

Der heutige Kölner Stadtbezirk Porz ist zweifelsohne prägend gewesen für das, was wir heute Wahner Heide nennen – und umgekehrt. Schließlich war das Dorf **Wahn**, bis zur Eingemeindung durch Köln 1975 Teil der eigenständigen Stadt Porz, Namen gebend für den Artillerieschießplatz. Die ersten rund 400 Morgen, die der preußische Staat der Gemeinde Wahn und den Geschwistern von Heeremann 1818 abkaufte, befanden sich in Wahn, genauer gesagt auf der Wahner Heide. Von Heeremanns waren die Vorgänger des auf Burg Wahn residierenden Freiherren Eltz von Rübenach. Wahn ist also die Keimzelle des **Truppenübungsplatzes**. Dabei waren die Wahner Bürger damals vom Militär alles andere als angetan, weil dieses ihre landwirtschaftliche Existenz gefährdete. Das, was wir heute als groß angelegte Kaserne kennen, nahm auch erst ab 1870 langsam seinen Anfang. All die Jahrzehnte zuvor waren die Soldaten in Zelten, Strohhütten oder bei der Bevölkerung untergebracht, und wegen der starken Proteste der Anwohner wurde immer wieder überlegt, einen anderen Standort für den Schießplatz zu wählen.

Ausgerechnet von Wahn aus kommt man heute nicht mehr in die Wahner Heide, eben wegen der heutigen Bundeswehr-Kaserne Wahnheide, unter welcher die ursprüngliche „Wahner Heide" größtenteils begraben liegt, und aufgrund des Flughafens Köln-Bonn.

Selbst vom **Grengel** aus muss man einen kleinen Umweg in Kauf nehmen. Eine Grengeler Heide werden wir nun aber nicht erkunden, die gab es nämlich nie, weil es auch nie ein entsprechendes gewachsenes Dorf gab. Der Ureinwohner verdreht die Augen, wenn man „in Grengel" statt „am Grengel" sagt.

„Grengel" ist ein altes rheinisches Wort für Schlagbaum oder Gatter. Am Grengel wurde das Vieh Urbachs gesammelt und kontrolliert, bevor es in die Heide getrieben wurde. Denn die Urbacher hatten sehr wohl ihre **Gemeindeheide**, und dort durften nur die Berechtigten mit ihren Tieren hinein. Die Viehtriften, die durch die Gatter auf die Heide führten, waren vor allem der einzige wegsame Zugang. Ein Wildzaun – am Urbacher Grengel erstreckte er sich auf Höhe des Wiesenwegs und der Straße „Am Wildzaun" – sorgte dafür, dass das Wild der adligen Jagdberechtigten nicht aus der Heide in die ortsnahen Feldfluren wechselte, und sich umgekehrt die Bauern Hinz und Kunz nicht an dem hochherrschaftlichen Wildbret vergriffen. Und so hatten auch Wahn und **Elsdorf** ihren Grengel, doch nur der Urbacher, dessen Viehtrift die ursprüngliche Alte Kölner Straße nach Altenrath war, ist uns zumindest als Name erhalten geblieben.

1933 startete die Umsetzung der am Reißbrett geplanten Gartenstadt, doch erst die Wohnungsnot der Nachkriegsjahre ließ das heutige Grengel rapide anwachsen.

Die **Urbacher Heide** bekommen wir auf der Tour allerdings auch nicht zu Gesicht, denn die ist unter Startbahnen und Terminals verschwunden.

Der Einstieg entlang der „neuen" **Alten Kölner Straße** – sie wurde mit dem Bau des Zivilflughafens Anfang der Sechziger auf den heutigen Verlauf ausgerichtet – ist nicht besonders einladend. Dies ändert sich jedoch schon nach nicht einmal hundert Metern, wenn die gelben Rundwanderwegsmarkierungen „**Am Bähnchen**" in den Wald leiten.

Maikammer-Tour
Unter den alten Hudeeichen
Länge: 7 km
Straße
Weg
Wanderweg
0
100
500
1000 m
GPS Daten in UTM/WGS 84
Start: O: 366739 N: 5638890
P I: O: 367169 N: 5638814
P II: O: 369243 N: 5639084
P III: O: 368319 N: 5639673
P IV: O: 368085 N: 5639463
P V: O: 367376 N: 5639742
N
Start
P I
P II
P III
P V
P VI
Am Verbrannten
Am Probstraht
In der Roßmaar
Die Hardt
In den vierzig Morgen
Am Davidsbusch
Auf'm Wölfchen
Parade-platz
Kielsheide
Geisterbusch
Unter den dicken Hecken
An der Bach
Kalmusbach
Im Lindenfelde
Soldatenfriedhof
Geisterbusch-Tour
St. Christoph
Weidekoppel
Wolfsweg
Rösrather Weg
Nordschneise
Obere Querschneise
Am Schilling
Alte Kölner Straße / Panzerstraße
Troisdorf-Altenrath
Mittlere Querschneise
Maikammer
Urbacher Buschweg
Am Hahnenweiher
Mühlenweg
Ruine
Ebelberg-Tour
Gärtnerei
Brunnengalerie
Wasserwerk Rösrath
Wasserwerk Leidenhausen
Am Bähnchen
Paradeplatz
Untere Querschneise
Schwedenschanze
Flughafen Köln/Bonn Konrad Adenauer
Bus 161 "Grengel Mauspfad"
Kreuz Flughafen
A 59
AS Grengel
Grengeler Mauspfad
Köln Rath/Heumar
KÖLN Porz-Grengel

oben: Geschütze, Feldbahn und Besucherinnen 1907

links: Parade der 16. Division 1937

Fotos: Heimat- und Geschichtsverein Rechtsrheinisches Köln

Im zweiten Jahrzehnt des 20. Jahrhunderts ließ das preußische Militär von der Wahner Kaserne ausgehend eine Stichstrecke durch die Nordheide bauen. Diese war unabhängig von der älteren, eigentlichen Feldbahn-Rundstrecke, sie bestand aus mobilen Gleisanlagen und diente unter anderem der Errichtung und Anbindung der Ballonhalle Ost in Kalmusweiher, die mit der Übungsplatzerweiterung nach Norden von 1916 möglich geworden war. Der Trasse werden wir noch ein Weilchen folgen.

So führt diese durch ein **Wasserschutzgebiet**, erkennbar unter anderem an den entsprechenden Schildern. Wir befinden uns im Einzugsgebiet zweier Wasserwerke, die sich Anfang der 1950er, als es hier am Nordrand der Wahner Heide noch nahezu keine militärischen Restriktionen gab, ansiedeln konnten. Sowohl für Teile von Porz als auch für Rösrath wird hier in der Hardt und am Eilerberg Wasser abgegraben. Das **Wasserwerk** Rösrath am Porzer Weg darf allein jährlich 2,4 Millionen Kubikmeter Trink- und Betriebswasser aus der Wahner Heide entnehmen. Der Grundwasserspiegel soll in der Nordheide von Mitte der 1980er bis zur Mitte der 90er Jahre um 10 Meter gesunken sein.

Die **Hardt** beherbergt die größten zusammenhängenden Eichenwälder der Wahner Heide, und diesen ist im Frühling ein ganz spezielles Klangbild eigen.

Der krächzend-klagende Balzruf des **Mittelspechts** *Dendrocopos medius* erinnert einen so gar nicht an Flirtversuche oder Brautwerbung. Aber diese Laute erzielen nachweislich ihre Wirkung. Immerhin ist hier die Bestandsdichte dieser mitteleuropaweit stark gefährdeten Spechtart so hoch, dass die Wahner Heide unter anderem dafür 1990 zur Important Bird Area, also zu einem der bedeutendsten Vogelschutzgebiete Europas ernannt wurde.

links: Weiblicher Trauerschnäpper mit Beute

Foto: Herwig Winter

Stark gefährdet in Deutschland: Der Mittelspecht

Foto: Stefan Günter Ott

Der **Trauerschnäpper** *Ficedula hypoleuca* ist eine der vielen Tierarten, die von der Masse an Spechthöhlen profitieren. Hauptsächlich um den 15. April, wenn in üblichen Wirtschaftsforsten die wenigen Brutmöglichkeiten durch ganzjährig standorttreue Vogelarten wie die Kohlmeise *Parus major* längst besetzt sind, kommen diese Langstreckenzieher aus ihrem tropischen Überwinterungsgebiet zurück. Heftig, aber meist erstaunlich kurz ist dann die Zeit ihrer Sangeskunst. Denn nachdem die Männchen ein Weibchen von sich und ihrem Brutplatz überzeugen konnten, lässt ihre Gesangsaktivität sehr schnell nach. Und so kann man, wenn man im Juni noch einen singenden Trauerschnäpper hört, mit recht großer Wahrscheinlichkeit davon ausgehen, dass der Herr bedauerlicherweise leer ausgegangen ist.

In der Wahner Heide brütet überwiegend eine eher östliche Variation, bei der die Männchen, ähnlich der Weibchen oberseits mattgrau gefärbt sind, im Gegensatz zu ihren westlich verbreiteten schwarz-weißen Vettern also ihrem Namen nicht alle Ehre machen.

Da wir uns auch in der Einflugschneise der Großen Parallelbahn befinden, kann das Konzerterlebnis allerdings bisweilen durch den „Sound" des gemeinen Düsen-Blechvogels getrübt werden.

Während der starke **Fluglärm** beim Menschen auf Dauer zum Beispiel zu ernsthaften Herz- und Kreislauferkrankungen führen kann, fühlen sich die vielen hier lebenden Vögel offenbar wenig gestört. Zumindest versuchen während der Brutzeit alle Singvögel, gegen diese Lärmquelle anzusingen. Ob die Tiere allerdings dauerhafte Schäden wie wir Menschen davon tragen, werden wir nie feststellen: Die Blaumeise *Parus caeruleus* beispielsweise, eine der häufigsten hier vorkommenden Vogelarten, wird im Schnitt nur eineinhalb Jahre alt.

Nachdem der breite Rennweg überquert ist, kreuzt man die heute mit Sandbirken bewaldete, noch bedeutend breitere ehemalige Panzerpiste, die einst die belgischen Kasernen mit der Verladerampe verband. Dann taucht man ein in einen auf großer Fläche gleich gearteten Waldbestand. **Kiefern-Stangenhölzer**, die die Kronen zu hundert Prozent beherrschen, lassen im Unterholz eine Menge Platz für unterschiedliche Laubgehölze wie Hainbuche *Carpinus betulus*, Weißdorn *Crataegus spec.*, Hasel *Corylus avellana*, Eberesche *Sorbus aucuparia*, Traubeneiche *Quercus petraea* oder Stieleiche *Quercus robur*. Ein künstlicher Mischwald, dessen Nadelbaumanteil in der ersten Hälfte des 20. Jahrhunderts angepflanzt worden ist, und der, wenn er ein höheres Alter und damit einen natürlichen Totholzanteil erreichen könnte, recht artenreich ausfallen dürfte. Zwar wäre die **Waldkiefer** *Pinus sylvestris* auf den hier lagernden Rheinschottern von Natur aus nicht bestandsbildend, aber sie ist zumindest eine in der Niederrheinischen Bucht bodenständige Baumart. Insofern gibt es eine Vielzahl heimischer Organismen, für die dieser Baum eine Lebensgrundlage darstellt. Wer wollte auch heute auf den Duft verzichten, den die Waldkiefer nach Art ihrer nahen Verwandten, der mediterranen Pinie, verströmt, wenn die Sonne auf sie einstrahlt?

Männlicher Kiefernspanner

Foto: Peter Buchner

Eichenwälder der Hardt

Foto: Holger Sticht

Die Baumarten der heutigen Strauchschicht sind – bis auf die späte Traubenkirsche aus Nordamerika – die natürlichen Baumarten auf diesem Boden. Sie haben sich natürlich angesiedelt, werden die Baumschicht natürlich erobern und die Entwicklung zum einst hier gedeihenden Eichen-Buchenwald vorantreiben.

Die Kiefern-Aufforstung stellte seinerzeit natürlich einen erheblichen Eingriff in die Landschaft dar. „**Auf`m Wölfchen**", so der hiesige Flurname, bestand aus Heiden, Sandäckern, Hudewäldern und naturnahen Laubwaldgesellschaften, bevor die Förster seinerzeit die aus damaliger wirtschaftlicher Sicht sinnvollste Maßnahme ergriffen. Nur renkt sich nach einigen Jahrzehnten wieder vieles ein. Vieles, was durch neuerliche Aufforstungen, insbesondere mit der Buche, wieder in Frage gestellt wird. Die Buche hatte mal einen höheren Anteil in diesem Gebiet, ist durch die Heidebauern vergleichsweise stark abgeholzt worden, weil sie nicht so vielseitig zu verwenden war wie die Eiche. Aber da die **Rotbuche** *Fagus sylvatica* noch punktuell vertreten ist, wird sie sich von selbst wieder stärker ausbreiten.

Junge **Birken** *Betula pendula* zeigen es uns als Erste an, wenn wir durch wiederbewaldete Heide laufen. Diese durch ihre weiße Rinde markante Pionierbaumart besiedelt als eines der ersten Gehölze offene Lebensräume in großer Zahl, mit enormer Zähigkeit und hohem Tempo. Schlägt man einen Stamm ab, wachsen zehn neue Triebe an der Schnittstelle. So eine Baumart lässt sich natürlich hervorragend nachhaltig

Bewaldete Heide Oben Sandbirke, unten Adlerfarn

Foto: Stefan Pütz

bewirtschaften, und sie bietet passenderweise auch noch vielseitigste Verwendungsmöglichkeiten. So eignet sich das leichte und zähe Holz vor allem als Furnierholz. Die Blätter wurden früher zum gelb färben verwandt, bis heute aber auch arzneilich als harntreibendes Mittel. Um allerdings an die Wirkung des **Birkenwassers** – gewonnen zum Beispiel durch das Auffangen an den stark transpirierenden Blättern – als Haarwuchsmittel und Anti-Schuppenmittel zu glauben, braucht man noch zusätzlich eine Portion guten Willen.

Aber es gibt noch eine weitere, heidetypische Nutzungsform: Die Sandbirke war eine der wichtigsten Rohstoffe für die **Besenbinder**. 1855 zählte man allein in Heumar, Eil und Urbach 110 Besenbinder mit 195 Gesellen. Sie waren damit die am stärksten vertretene Handwerksgruppe mit dem besten Verdienst. Besen brauchte man schließlich immer, und sie mussten wegen ihrer schnellen Abnutzung seinerzeit regelmäßig neu angeschafft werden. Sie konnten auch ohne großes handwerkliches Geschick hergestellt werden. Vor allem aber wuchs ihr Rohstoff immer wieder nach und war einfach zu beschaffen. Noch nicht einmal eine Zerstörung von Vogelnestern war damit verbunden, da die Reiser nur im Winter, wenn sie wenig Wasser enthalten, geerntet werden konnten. So wurden im Zuge einer nachhaltigen Bewirtschaftung viele Familien ernährt und gleichzeitig die Heide erhalten.

Im 20. Jahrhundert ist dieser Berufszweig ausgestorben, unter anderem da der Staubsauger auf dem Einsatzgebiet natürlich konkurrenzlos ist.

Besenheide und Besenginster sind weitere Rohstofflieferanten der Besenbinder gewesen, deren Nutzungsgeschichte sich in ihrem Namen niedergeschlagen hat, und die sich immer wieder am Wegesrand finden lassen.

Auch der **Besenginster** *Sarothamnus scoparius* ist nicht nur durch die Besenbinder genutzt worden. Das in allen Pflanzenteilen mehr oder weniger enthaltene Spartein wird in der Medizin nach wie vor bei Kreislaufstörungen eingesetzt. Die Blüten, welche der Heide im Mai ein sattes Gelb verleihen, wurden früher zum Färben von Wolle verwandt.

Besenginster werden bestenfalls zwölf Jahre alt, reichern in dieser Zeit den Boden aber in nicht unerheblichem Maße mit Nährstoffen an, weil sie Wurzelknöllchen mit stickstoffbindenden Bakterien besitzen.

Ein Gerücht ist übrigens, dass gerade im Besenginster die meisten **Zecken** seien – Zecken sind hier überall, vor allem in kniehoher Vegetation. Diese bieten die Wege kaum, deswegen sind Querfeldeingänger am meisten gefährdet, durch die gefährliche Krankheiten – Frühsommer-Meningitis und Borreliose sind für die Wahner Heide nachgewiesen – übertragenden Spinnentiere gebissen zu werden.

Am Wegesrand der Nordschneise „**In den vierzig Morgen**" fallen auch immer wieder, bisweilen den ganzen Boden überdeckende Farne auf – im Sommerhalbjahr als grasgrüne, mehr als einen Meter hohe Miniatur-Wälder, im Winterhalbjahr als hellbrauner, abgestorbener und in sich zusammenfallender Filz. Es handelt sich um den **Adlerfarn** *Pteridium aquilinum*. Er ist ein echter Kosmopolit, der bei uns von Natur aus im Eichen-Buchenwald locker vertreten ist. Er ist also kein Neophyt, keine durch den Menschen eingebrachte „neue Pflanze", die sich im neuen Landschaftsraum plötzlich massenweise vermehrt. Nur auf ehemaligen Sandäckern oder trocken gelegten Böden, die Jahre und Jahrzehnte nicht mehr bewirtschaftet wurden, breitet er sich stark aus und verdrängt nahezu alle anderen Pflanzenarten. Da er fürs Vieh genauso schwer genießbar ist wie für den Menschen – in Japan werden die Wurzeln wie Folienkartoffeln zubereitet, bei uns gilt der Adlerfarn als krebserregend – haben ihn die Schäfer früher als „Weideunkraut" gesenst, als Stallstreu verwendet und damit an einer starken Ausbreitung gehindert.

Die Nordschneise kreuzt den Wolfsweg, und dieser bringt uns zum umzäunten Hudewald des **Geisterbusches**. Dort geht es rechts ab auf den Rösrather Weg.

Die heutige Ausdehnung des etwa 180 ha großen Heidegebiets entspricht nicht der historischen Heideentwicklung, sondern ist eine Folge des zivilen Flughafenausbaus. Denn als Gegenleistung dafür, dass sie den Regierungsflughafen in der Wahner Heide nicht blockierten und entsprechend Übungsflächen abtraten, wurden für die belgischen Streitkräfte im Geisterbusch 1960/61 etwa 60 ha alter Eichenwald gerodet, um ein **Panzerübungsgelände** entstehen zu lassen. Auch Laserübungen, für die man größere zusammenhängende Freiflächen benötigt, wurden hier praktiziert. Die wenigen einzelnen Eichen, die stehen gelassen wurden, gehen nach und nach zu Grunde. Mehr als hundert Jahre waren sie im geschlossenen Wald aufgewachsen; mit der kleinklimatischen Umstellung auf die offene Heide kommt kaum einer der Bäume auf Dauer zurecht.

Ziegen haben die Späte Traubenkirsche zum Fressen gern

Foto: Dirk Ferber

Landreitgraswiese mit Ginster

Foto: Holger Sticht

Diese Solitäreichen sind im Sommer beliebte Sitzwarten von **Turteltaube** *Streptopelia turtur* und Kuckuck *Cuculus canorus*. So bekommt man diese ansonsten heimlich lebenden Tiere, die mit ihren Balzrufen tropische Klangfarben aus ihrem Winterquartier importieren, auch mal zu Gesicht. Wie wenige andere Vogelarten prägten sie unseren Wort- und Liedschatz. Beim **Kuckuck** ist dies allseits bekannt, aber auch die Turteltaube hat ihren Namen nicht aufgrund ihres wilden Flirtverhaltens erhalten, der Begriff „Turteln" entstand erst durch ihren Balzgesang. Auch der Laie identifiziert in Mai und Juni mühelos das schwer zu ortende „turr-turr-turr..."

Es folgt nun – mit besonderer Widmung für Nachtwanderer – ein Auszug der Sage „Der Amtmann von Porz", die sich exakt auf den hiesigen Ort lokalisieren lässt, und in der sich die Gemütslage so manch eines Wahner Bauern zu jener Zeit widerspiegelt:

Der Amtmann von Porz

„Im Amtgericht Porz regierte einmal ein Amtmann, der war unmenschlich hart und grausam gegen seine Untertanen. Die Hirsche des Königsforstes fraßen und zerstampften die karge Saat, und wenn der Bauer zur Selbsthilfe griff, strafte ihn der Amtmann an Leib und Leben.

Eines Morgens fand man den Amtmann, von der Kugel eines Wilderers durchbohrt, tot am Wolfsweg auf dem Stamm einer Eiche liegen. Der Fluch des gequälten Volkes aber verfolgte ihn noch über das Grab hinaus.

In dunklen stürmischen Nächten kommt es aus dem Geisterbusch, durch die Luft daher mit Pferdegewieher und Hundebellen, und mitten im grausigen Geisterzug, gejagt von fratzenhaften Unholden, der Amtmann von Porz im roten Rock und auf einem mit vier Rappen bespannten Wagen."

Auf dem Rösrather Weg verlassen wir die offene Heide, kreuzen die Alte Kölner Straße und tauchen in den Eichenwäldern der **Maikammer** ab.

Ein schöner Name, der sich da im Porzer Volksmund etabliert hat. Auf Karten findet man ihn als Flurnamen vergeblich, aber alt eingesessene Porzer wissen, wo es weit und breit die meisten **Maiglöckchen** *Convallaria majalis* gibt. Nur anders als früher darf man das Liliengewächs nicht pflücken. Insbesondere das Ausgraben schadet der gesetzlich geschützten und sich vor allem vegetativ, also über Wurzelausläufer verbreitenden Pflanze. Das Pflücken der Blüten ist vor allem für bodenbrütende Vogelarten wie die hier zahlreich vorkommenden Laubsänger – Zilpzalp, Fitis und **Waldlaubsänger** – problematisch. Im „Fußumdrehen", und ohne es zu bemerken, zertreten die eifrigen Blumensammler die Nester. Um dem vorzubeugen, gilt das Gebot, den Weg nicht zu verlassen und die Pflanze nicht zu beschädigen.

Das Maiglöckchen ist hier kennzeichnende Art einer typisch rheinischen, weil wärmeliebenden Waldgesellschaft, die auf den schönen Namen **Maiglöckchen-Stieleichen-Hainbuchenwald** hört. Und im Mai entfaltet dieser Wald auch sein eindrucksvollstes Landschafts- und Geruchsbild. Am Boden bilden sich, wenn der frische Laubaustrieb noch etwas Licht hindurch lässt, weiße Blütenteppiche aus, die einen wunderbaren Duft verströmen lassen. Nicht nur das Maiglöckchen, auch andere Liliengewächse wie die Schattenblume *Maianthemum bifolium* oder die **Vielblütige Weißwurz** *Polygonatum multiflorum* sorgen dafür. Buschwindröschen *Anemone nemorosa* sind hier ebenso häufig wie die Große Sternmiere *Stellaria holostea* und das Hain-Veilchen *Viola rhiviniana*. Letztere ist

Wärmeliebendes, geschütztes Liliengewächs: Das Maiglöckchen

Foto: Holger Sticht

eine der Futterpflanzen des landesweit gefährdeten **Kaisermantels** *Argynnis paphia*, einer großen, hell rotbraunen, oberseits dunkel gefleckten Schmetterlingsart der Waldränder.

Im Zickzack-Kurs steuern wir aus der Maikammer hinaus in die Einflugschneise der **Großen Parallelbahn**.

Der ehemalige Kölner Oberbürgermeister Norbert Burger, Anfang der 1990er gleichzeitig Aufsichtsratsvorsitzender der Flughafen GmbH, soll einmal gesagt haben, der Flughafen lebe von der Gnade seiner frühen Geburt. Die historischen Fakten lassen eher darauf schließen, dass er trotz seiner späten Geburt Gnade erfahren hat.

Am 3.1.1959 wurde eine **Betriebsgenehmigung** lediglich für die Querwindbahn und die Kleine Parallelbahn, für zwei der insgesamt drei Landebahnen des Flughafens Köln/Bonn, erteilt, und zwar nach dem Luftverkehrsgesetz von 1936. Am 16.3.1961 genehmigte dann der Landesverkehrsminister die Große Parallelbahn in einer Länge von 3.800 m „in Ergänzung meines Erlasses ... vom 3.1.1959“. Seit dem 10.1.59 war jedoch schon das neue Luftverkehrsgesetz in Kraft, das für die Erweiterung eines Flughafens ein **Planfeststellungsverfahren**, also Bürgerbeteiligung und Offenlegung der Pläne, zwingend vorsah. Dies wurde allerdings nie durchgeführt, weil man sich noch 1961 auf ein nicht mehr geltendes Recht aus dem Dritten Reich bezog.

Die Übergänge vom Dritten Reich zur Nachkriegszeit waren noch an anderer Stelle eher fließend. Auf dem Flughafengelände gibt es die Heinrich-Steinmann-Straße, benannt nach dem ersten Flughafen-Direktor. Steinmann, geboren 1899, ab 1932 NSDAP-Mitglied, versah ab 1943 in der „Sonderdienststelle Professor Steinmann“, die dem Oberkommando der Luftwaffe direkt unterstellt war, seine beratenden Tätigkeiten, zuletzt im Range eines Generalmajors.

Vor der Verbuschung und dem ICE: Paradeplatz 1996

Foto: Holger Sticht

Parade anläßlich des Besuchs von Kaiser Wilhelm II. auf dem Paradeplatz 1906

Foto: Fritz Schneider

Durch die Einflugschneise bahnt sich die Schneise der ICE-Trasse, die wir überqueren müssen, um dann auf der Nordschneise links an dem Rettungsplatz vorbeizukommen.

10.000 Einwendungen wurden allein im Raumordnungsverfahren Mitte der 1990er vorgebracht: Es half nichts, die zweijährigen Bauarbeiten für die mehr als eine Milliarde DM teure **ICE-Schleife** zum Flughafen begannen auf dem rund 900 m langen Streckenabschnitt des Naturschutzgebiets im Juli 2001.

Dabei konnte der Vorhabenträger, die Deutsche Bahn, keinen verkehrlichen oder wirtschaftlichen Bedarfsnachweis liefern, nur einen gesetzlichen. Der Bundestag hatte 1993 die Aufnahme der **Flughafenanbindung** in das Bundesschienenwegeausbaugesetz zwar abgelehnt, die Anbindung nebenbei aber trotzdem als vordringlich eingestuft – das reichte dem Eisenbahn-Bundesamt. Wenigstens führte die europäische Naturschutzgesetzgebung dazu, dass die Trasse unter Tage verschwinden musste.

Schwedenschanze nennt man im Porzer Volksmund bis heute den meterhohen Wall mit anschließendem Graben, der durch den Bau der ICE-Trasse und ihres Rettungsplatzes zur Hälfte zerstört wurde. Der Name „Schwedenschanze" ist ein überall in der Republik geläufiger Name, der aus der Zeit des 30-jährigen Kriegs stammt und entweder eine Befestigung schwedischer Truppen oder das genaue Gegenteil, eine Fliehburg oder Verschanzung der Bevölkerung als Schutz vor den marodierenden Truppen bezeichnet. Historische Belege

Bau des ICE-Tunnels durch den Paradeplatz im Mai 2002

Foto: Holger Sticht

für die Porzer Schwedenschanze wurden bisher nicht bekannt. Es liegt nahe, dass es sich um eine Militäranlage aus preußischer Zeit handelt, die nach schon bekannten Schwedenschanzen benannt wurde.

Der **Paradeplatz**, der unmittelbar hinter der Schwedenschanze anschließt, ist ein in den 1890er Jahren angelegter Übungsplatz des preußischen Militärs. Wo einst Parademärsche exerziert wurden, befindet sich heute eine der ältesten Heide- und Magerrasenflächen außerhalb des Flughafengeländes.

„Wie, wie, wie, wie hab ich dich lieb", so übersetzt der Volksmund den Gesang der **Goldammer** *Emberiza citrinella*. Und diese Interpretation ist gar nicht weit hergeholt, denn zum einen passt es rhythmisch sehr gut, zum anderen dient der Gesang der Männchen ja tatsächlich auch der Brautwerbung. Ein anderer Beweggrund ist die Revierabgrenzung, die Sicherung von Nahrungsgründen für die Jungenaufzucht. Die kann sich bis in den August und auf zwei, ausnahmsweise drei Jahresbruten erstrecken. Und so kann man sich noch über den Gesang der Ammern freuen, wenn die vier Revierinhaber des Paradeplatzes ihrer Weibchen längst relativ sicher sein können.

Die Magerrasen beherbergen eines der größten Vorkommen der **Feldgrille** *Gryllus campestris* im Naturschutzgebiet, und die Wahner Heide beherbergt das letzte der gesamten Niederrheinischen Bucht. Die Feldgrille ist auf kurzgrasige, trockene Lebensräume angewiesen. Die Männchen stridulieren bei warmem Wetter oft bis tief in die Nacht vor der etwa 20 cm schräg hinab führenden Erdröhre. Vor allem im Mai und Juni ertönt ihr anheimelndes Zirpen.

Der in Nordrhein-Westfalen stark gefährdete **Kreuzblümchen-Borstgrasrasen** ist hier zumindest fragmentarisch

Futterpflanze der Perlmutterfalter: Das gefährdete Hundsveilchen
Foto: Dirk Ferber

Vom Hundsveilchen abhängig: Der stark gefährdete Braunscheckige Perlmutterfalter
Foto: Thomas Stumpf

Die Wahner Heide ist ihr letztes Refugium in der Niederrheinischen Bucht: Die Feldgrille
Foto: Julia Zehlius

ausgebildet, und bietet den von kleinen Insekten, Gräsern und Kräutern lebenden Grillen abwechslungsreiche Kost. Das Borstgras *Nardus stricta* ist nicht mehr bestandsbildend, und auch die nächsten Arnica-Bestände sind ein paar Kilometer entfernt, aber das Gemeine Kreuzblümchen *Polygala vulgaris*, das Hundsveilchen *Viola canina* und der Dreizahn *Danthonia decumbens* bilden stellenweise ansehnliche Bestände aus. Sie sind durch die zunehmende Verbuschung mit Brombeeren *Rubus spec.*, Waldkiefern und Spätblühenden Traubenkirschen akut bedroht. Und mit ihnen im ganzen Land stark gefährdete Schmetterlingsarten. Dies sind zum Beispiel der Braunscheckige **Perlmutterfalter** *Clossiana selene* und der Große Perlmutterfalter *Argynnis aglaja*, deren Raupen vor allem das Hundsveilchen als Futterpflanze benötigen.

Die linke, südliche Seite des Paradeplatzes, die von der Flughafen GmbH als „Areal Nord" bezeichnet wird, ist durch die seit 1995 geplante **Norderweiterung** des Flughafengeländes bedroht. Da das Gelände zum europäisch geschützten **Flora-Fauna-Habitat-Gebiet** Wahner Heide gehört und die Flughafen GmbH die notwendigen Bedarfsnachweise für eine bauliche Beanspruchung nicht liefern konnte, wurde dieser erhebliche Eingriff in Natur und Landschaft bisher verhindert. Der **Eichenbirkenwald** ist einer der gesetzlich geschützten und in Nordrhein-Westfalen gefährdeten Lebensraumtypen, die auf dem südlichen Paradeplatz vorkommen.

Ein zweites Mal überquert man die ICE-Schneise, und dabei auch die breiteste Stelle des Paradeplatzes. Der Weg führt auf die Alte Kölner Straße: In linker Richtung geht es zurück zum Mauspfad und zum Ausgangspunkt dieses Porzer Rundwanderweges.

Morgennebel liegt über dem Geisterbusch • Foto: Helmut Lammertz

GEISTERBUSCH-TOUR

Im Revier von Neuntöter und Heidekrauteulchen

18.04

Strecke:
4,5 km

Piktogramm:
Vogel

Über die Autobahn und durch die alten Siedlungen May und **Plantage** führt der Pestalozziweg, der ursprüngliche Rösrather Weg, der schon im Mittelalter Rösrath mit den Fischerdörfern am Rhein verband, immer weiter weg von dem Autobahnlärm, tiefer hinein in die Heidelandschaft.

Die **A 3** ist im Osten der Heide aufgrund ihres ständigen Lärmpegels schon ein Ärgernis. Auch weil sie mit dem Königsforst und der Wahner Heide zwei großflächige Naturschutzgebiete und einige ihrer Tierpopulationen voneinander trennt, wirkt sie nachhaltig negativ. Ein Blick auf Karten aber verdeutlicht, dass die Autobahn auch einen Vorteil für die Heide hatte. Diese östliche Grenze des Übungsplatzes von 1937 bis 1945, der 5.200 ha umfasste, wirkte auch Jahrzehnte danach als Riegel für die Ausdehnung von Industrie, Gewerbe und Wohnbebauung.

Aber es ist eben doch immer wieder der **Truppenübungsplatzstatus**, der sich ursächlich als wirksamster Schutzfaktor erweist. Ohne ihn wäre die Autobahn ab 1936 wahrscheinlich mitten durch die Heide gelegt worden, und erst seit dem

Grabstein auf dem Soldatenfriedhof

Foto: Stefan Pütz

Abzug der belgischen Streitkräfte verstärkte die Stadt Rösrath ihr Engagement für Gewerbe- und Wohnbaugebiete diesseits der Autobahn.

In **Kalmusweiher** wird die Straße zum Waldweg, und dort befindet sich auch der Start- und Endpunkt dieses Rösrather Rundwanderwegs.

In Nachbarschaft zu der Fischteichanlage wurden während des Ersten Weltkriegs die **Ballonhalle Ost** sowie entsprechende Unterkünfte errichtet. Schon in den Jahren zuvor hatte man zur Beobachtung der Artilleriemanöver auf dem angrenzenden Schießplatz Ballons eingesetzt. Teile dieser Anlagen dienten Jahrzehnte später als Grundstock für das Lager Hoffnungsthal. Die Ehrenanlage Kalmusweiher, zu der uns ein Schild weist und zu welcher außerdem das gelbe Vogelpiktogramm geradeaus leitet, dokumentiert dies bis heute.

Während des 2. Weltkriegs bestand auf dem Gelände des angrenzenden heutigen Jugendheims Stephansheide das **Kriegsgefangenenlager Hoffnungsthal**. Den 112 hauptsächlich osteuropäischen Gefangenen, die hier durch Hunger, Krankheit und Folter umgekommen sind, ist diese Ehrenanlage gewidmet.

Ballon zur Beobachtung des Artillerieschießens 1904

Foto: Fritz Schneider

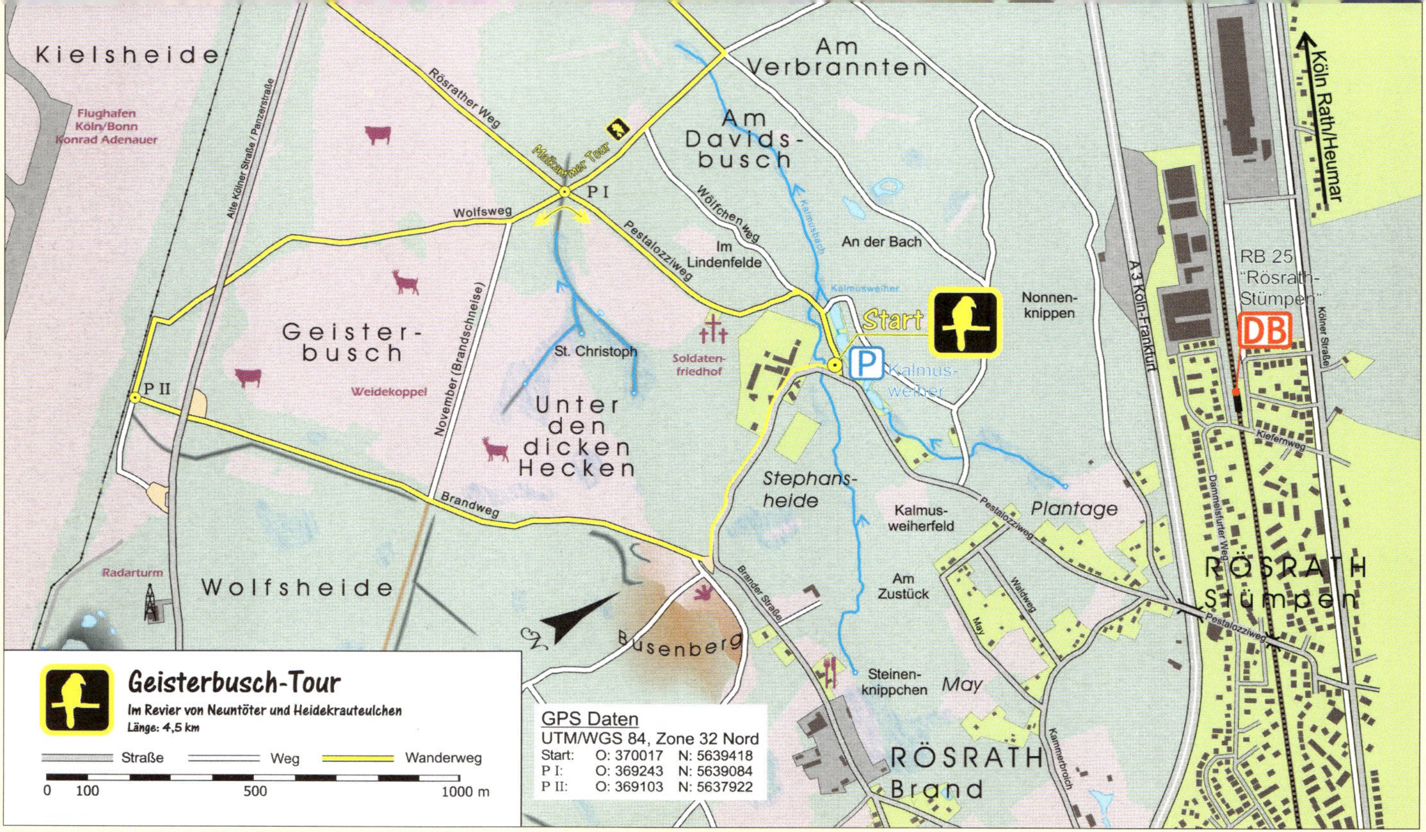
Kielsheide
Flughafen Köln/Bonn Konrad Adenauer
Alte Kölner Straße / Panzerstraße
Rösrather Weg
Maikammer Tour
P I
Wolfsweg
Pestalozziweg
Am Verbrannten
Am Davids-busch
Wölfchen weg
Im Lindenfelde
An der Bach
Kalmusbach
Kalmusweiher
Start
Kalmus-weiher
Nonnen-knippen
A 3 Köln-Frankfurt
RB 25 "Rösrath-Stümpen"
DB
Kölner Straße
Köln Rath/Heumar
Kiefernweg
Dammelsfurter Weg
RÖSRATH Stümpen
Pestalozziweg
Geister-busch
Weidekoppel
November (Brandschneise)
St. Christoph
Soldaten-friedhof
Unter den dicken Hecken
Stephans-heide
Kalmus-weiherfeld
Plantage
Am Zustück
Waldweg
May
Kammerbroich
Steinen-knippchen
May
RÖSRATH Brand
Brander Straße
Busenberg
Brandweg
P II
Radarturm
Wolfsheide
Geisterbusch-Tour
Im Revier von Neuntöter und Heidekrauteulchen
Länge: 4,5 km
Straße
Weg
Wanderweg
0 100 500 1000 m
GPS Daten
UTM/WGS 84, Zone 32 Nord
Start: O: 370017 N: 5639418
P I: O: 369243 N: 5639084
P II: O: 369103 N: 5637922

Schafherde im Hudewald 1992

Foto: Holger Sticht

Überliefert ist der Fall eines Häftlings, der bei klirrender Kälte über Nacht an einen Pfahl gebunden und mit Wasser übergossen wurde. „Ihre Leiden und ihr Tod mahnen zum Frieden", steht auf der Eingangstafel.

Der Pestalozziweg führt uns auf den Wolfsweg. In der Linkskurve ist auf der Seite der Waldweidekoppel die alte durchgewachsene Hainbuchenhecke, die den Zufahrtsweg zum ehemaligen Hof **St. Christoph** heute noch markiert. Durch die Einrichtung des belgischen Übungsplatzes wurde die Ansiedlung in den Nachkriegsjahren verdrängt.

Kein Ziegelstein steht dort mehr auf dem anderen, aber die Hudeeichen, die hier seit weit über hundert Jahren stehen, sind zu imposanter Größe gewachsen.

Der Begriff „Hudeeiche" leitet sich ab vom „Vieh hüten". Hude- oder **Hutewälder** sind das Ergebnis der Waldweide, einer traditionellen Nutzungsform, bei der Wälder durch jahrzehntelangen Verbiss der bäuerlichen Nutztiere einen lichten, unterholzfreien Charakter erhalten haben. Insbesondere Schweine, die früher von Oktober bis Dezember zur **Eichelmast** in die Eichenwälder getrieben wurden und die Samen der Bäume fraßen, aber auch andere Vieharten wie Ziegen, die junge Gehölze verbeißen und ihre Rinde schälen, gestalteten diesen parkartigen Bestand. Das Haus Wahn beispielsweise trieb 1757 etwa 500 Stück Vieh auf die Wahner Heide, die Linder Heide, die **Elsdorfer Heide**, die Wahner Stöck (heute alles Flughafen- bzw. DLR-Gelände) und in die Erdkaule.

In der zweiten Hälfte des 20. Jahrhunderts konnte der Hudewald-Charakter hier nur zufälligerweise durch **Biwakierungen**, die militärische Nutzung als zeitweiliger Zeltlagerplatz, erhalten werden. Seit Mitte der Neunziger haben Rinder und Ziegen Soldaten und ihre Fahrzeuge wieder abgelöst.

Nach vielen weiteren Jahrzehnten der Beweidung würde sich – bedingt durch die zunehmende „Altersschwäche" der einzelnen Bäume – der Wald immer weiter öffnen, und es entstünde offene oder halboffene Heide.

Heute weiß man, dass Hudewälder und Heiden auch ohne den Menschen Bestand hätten und ein natürliches Entwicklungsstadium der Landschaft darstellten. Was hier heute Ziegen und Rinder leisten, bewältigten in den letzten Zwischeneiszeiten, in denen ähnliche klimatische Bedingungen herrschten wie in der jetzigen, Ur, Wisent, Elch und andere ausgestorbene oder ausgerottete **Großwildarten**.

Eine Großwildart ist uns neben Reh und Wildschwein ja geblieben: Der Rothirsch. Doch dieser, aufgrund seiner Anatomie und Ernährungsweise eindeutig als eigentlicher Offenlandbewohner anzusprechende Wiederkäuer fristet in der seit Mitte der 20. Jahrhunderts überwiegend bewaldeten Scheuerbachsenke ein nicht artgerechtes Dasein.

Nach ihnen, den großen Pflanzenfressern, ist die **Megaherbivoren**-Theorie benannt. Sie besagt, dass Teile Mitteleuropas heute auch ohne menschlichen Einfluss, aufgrund der großen und artenreichen Bestände von Steppen bewohnenden Pflanzenfressern waldfrei wären. Bei uns herrscht immer noch der Irrglaube vor, Natur sei gleich Wald und umgekehrt. Dass die Landschaft vielen dynamischen Prozessen unterworfen ist, bei welchen auch der Wald nur ein Stadium darstellt und vom Menschen ausgeschaltete Tierarten einmal eine tragende Rolle spielten, wurde lange Zeit aufgrund mangelnder wissenschaftlicher Daten, und auch aus ideologischen Gründen übesehen.

Der Wolfsweg führt uns hinaus in die halboffene Heidelandschaft des **Geisterbusches**.

Wer einmal in Gegenden wie der Lüneburger Heide, in denen der Wacholder noch üppig gedeiht, in der Dämmerung oder im Morgennebel unterwegs gewesen ist, wird erahnen können, wie diese Flur zu ihrem Namen gekommen sein

Schwarzkehlchenmännchen

Foto: Anton Luhr

muss. Die mehrere Meter hohen „Gestalten" mit ihren individuell verzweigten Trieben wirken bei schwachem Licht wie Waldschrate oder andere schaurige Wesen. Wie umschrieb dies noch einer der wichtigsten Wahner-Heide-Schützer, **Dr. Hubert Iven** seinerzeit treffend: „...die wie Trupps stumm marschierender Krieger den nächtlichen Wanderer schrecken."

Hier erschreckt sich jetzt niemand mehr, denn der Wacholder ist im Geisterbusch seit langem ausgerottet. Und dennoch ist dieses Gebiet auch heute noch von großer ökologischer Bedeutung. Insbesondere einer Fülle seltener Vogelarten des Offenlandes dient das Heideareal als Refugium. Heidelerche *Lullula arborea*, Neuntöter *Lanius collurio*, **Schwarzkehlchen** *Saxicola torquata*, Feldschwirl *Locustella naevia*, Dorngrasmücke *Sylvia communis*, Wendehals *Jynx torquilla*, teilweise hochgradig gefährdete Arten können hier vom Wegesrand aus beobachtet werden.

Der Elektrozaun dient in erster Linie dazu, die Ziegen- und die Rinderherde, die hier für die Entwicklung von Heidebiotopen grasen und verbeißen, vor uneinsichtigen Hundehaltern zu schützen. Aber die Vögel, unter ihnen insbesondere die auf dem Boden brütenden Arten, haben natürlich auch etwas davon.

Während diese Vögel heute zumindest hier in ihrem Brutgebiet strengsten Schutz genießen, galt die Kleinvogeljagd bis zu ihrem Verbot im Jahre 1908 auch in unserer Region als beliebte Form des Broterwerbs und des Zeitvertreibs. Wegen des für manchen erschwinglichen Pachtzinses, den die adligen Besitzer erhoben, war es auch die einzige Jagd, der das „gemeine Volk" auf legalem Wege nachgehen konnte.

Vogelfänger am Vogelherd

Archiv: Matthias Dederichs

Krammetsvögeln, also den sechs in Mitteleuropa vorkommenden Drosselarten – keinesfalls nur der damals „Biemer" genannten Wacholderdrossel *Turdus pilaris* – wurde hier während des Herbst- und des Frühjahrszuges in so genannten Vogelherden aufgelauert. Häufig wurden diese **Vogelherde** – wie auch hier im Bereich des Geisterbusches im 18. und 19. Jahrhundert, als er zum Urbacher Gemeindebesitz und zum Elsdorfer Kapitelshof gehörte – in Wacholderbeständen angelegt. Alle Drosselarten haben nämlich eine Vorliebe für Wacholderbeeren, die eigentlich Zapfen sind, und praktischerweise führte genau diese Vorliebe zu dem würzigen Geschmack, den man bei den Krammetsvögeln am meisten schätzte.

Vor Sonnenaufgang zogen die Vogeljäger auf die Heide, um eine kleine Freifläche mit **Wacholderbeeren** zu bestücken, Lockvögel anzubinden oder deren Käfige aufzustellen, und die Fangnetze zu präparieren. Der Vogelfänger versteckte sich in einem selbst erbauten, mit Ginster gut getarnten Verschlag und wartete, bis sich ein Drosseltrupp in seiner Reichweite niederließ. Dann riss er an der Leine, die das Netz zuzog, stürmte aus seinem Versteck und drückte den zappelnden Vögeln der Reihe nach die kleinen Schädel ein. An guten Tagen konnte ein Fänger 60 bis 80 Tiere erbeuten, an schlechten Tagen gar keines. Als **Gebund**, sprich im „Viererpack" wurden Ring-, Sing-, Rot-, Schwarz-, Wacholder- und Misteldrossel unter anderem auf den Märkten in Köln verkauft.

Sicher wird auch der ein oder andere Star *Sturnus vulgaris* dabei gewesen sein. Auch der Fang von den wenige Zentimeter kleineren Lerchen ist dokumentiert. Alles, was kleiner war, ist zumindest für Verzehr und Verkauf einfach unlukrativ

Goldammer stellt sich verletzt, um ein Mauswiesel vom Nest abzulenken

Foto: H. J. Friedrichs

gewesen. Genauso wie die Jagd zur Brutzeit, weil die Tiere dann nur einzeln oder paarweise auftreten und sich das frühe Aufstehen nicht gelohnt hätte.

Um die Vorlieben unserer Vorfahren einordnen zu können, muss man sie mit jenen der heutigen Jäger vergleichen. Obwohl das **Rebhuhn** *Perdix perdix* – in der Wahner Heide übrigens seit Anfang der 90iger verschwunden – in Nordrhein-Westfalen seit 1996 als in seinem Bestand stark gefährdet eingestuft ist, schossen Jäger allein in diesem Land in dem Jagdjahr 2002/2003 1.239 Exemplare dieser Art – die nicht gemeldeten Abschüsse selbstredend nicht eingerechnet.

Ebenso wie die heutige Jagd stellte der damalige Singvogelfang eher eine Freizeitbeschäftigung dar. Diverse Finkenarten, unter anderem **Blotfinke** – gemeint sind Bluthänflinge *Carduelis cannabina*, die damals noch zahlreich in den Wacholderheiden brüteten – aber auch Nachtigallen *Luscinia megarhynchos* wurden gerne von Kindern und Jugendlichen als

Ruine vor dem Radarturm in der Erdkaule

Foto: Holger Sticht

singende Haustiere gehalten. Dafür wurden allerdings nicht die Altvögel gefangen, sondern deren Nester aufgespürt und ausgehoben. Bereits 1781 hatte die Herzoglich-Bergische Regierung den **Nachtigallenfang** unter Androhung einer Geldstrafe von 10 Reichstalern oder einer Prügelstrafe untersagt. Nachtigallen brüten im Geisterbusch seit den 1990ern nicht mehr, dafür aber nach wie vor einige Hänflingspaare.

Der Wolfsweg führt uns auf die Alte Kölner Straße. Auf der gegenüberliegenden Straßenseite verspricht ein schmaler Waldpfad willkommene Abwechslung zu den bisher recht breiten Sandpisten, doch führt uns dieser an den großen grünen Zaun des **Flughafengeländes**. Für uns und für ähnlich große Tierarten ein Hindernis, hört die Wahner Heide an dieser Begrenzung für fast alle anderen Lebewesen nicht auf.

Das erste Flugzeug landete 1913 in der Wahner Heide. Aber erst ab 1938 bestand auf dem Truppenübungsplatz ein nennenswerter **Feldflughafen**, der nach dem Zweiten Weltkrieg durch die Royal Airforce zu einer Militärbasis ausgebaut wurde.

Am 12.12.1958 genehmigte der Landesverkehrsminister mit 10 Zeilen den Ausbauplan für einen zivilen Verkehrsflughafen in der Wahner Heide, den er „Rhein-Ruhr-Flughafen“ nannte – so heißt heute der in Düsseldorf!

Von 1959 bis 1961 wurde die Große Parallelbahn auf einer Länge von 3,8 km in die Heide gebaut – der bis dato größte und folgenschwerste Eingriff in der Geschichte der Wahner Heide. Zeitzeuge Günter Käding aus Hasbach erinnert sich: „Da hat man mit den vier größten Landmaschinen, die es damals auf der Welt gab – das waren so richtige Böschungshobel – die Erde platt gemacht, den Torf rausgeholt...“.

Dass das Zentrum der Wahner Heide in einer Größe von über 2.500 ha seit 1931 – dank des Engagements hervorragender Naturforscher wie **Albert Schumacher** und Hubert Iven – unter Naturschutz stand, interessierte keinen der Entscheidungsträger. Erst 1968 wurde das **Naturschutzgebiet** von Neuem in gleicher Größenordnung festgesetzt, seine Grenze nachträglich um das neu entstandene Flughafengelände herum gelegt – bis auf 71 ha.

Den entscheidenden Beitrag dazu lieferte 1966 das vom Regierungspräsidenten bestellte ökologische „Gutachten zur

Porz
Urbach
Eil
Elsdorf
Wahn
Wahnerheide
Lind
Libur
Stockem
Uckendorf
Kriegsdorf
Spich
Dynamitfabrik
Sprengstoff-Fabrik
Oberlar
Troisdorf
Sieglar
Friedr. Wilh.-Hütte
Staatsforst Königsforst
Kaiserstr.
Plantage
Brand
Armin Steinl - Landkartenverlag - Köln
(Inh. Willy Ehrig)
Alle Rechte vorbehalten
Maßstab 1 : 35 000
Eisenbahnen
Elektr. Vorortbahnen
Straßen
Fahrwege
Wege und Fußwege
Naturschutzgebiete
Voller Naturschutz (Tötung von Tieren, Abpflücken und Vernichten von Pflanzen jeder Art ist gesetzl. verboten und unter Strafe gestellt.
Keine Ausbeute, keine Siedlungen
Wegebezeichnungen nach Angaben des „Kölner
Die blauen Punkte auf der Karte bedeuten ein we

Wanderkarte des Kölner Eifelvereins von 1931/32 mit der ersten Naturschutzgebiets-Abgrenzung • Historisches Archiv Köln

Birken-Sekundärwald

Foto: Stefan Pütz

Frage der weiteren Schutzwürdigkeit des Naturschutzgebiets Wahner Heide" von Erz, Zimmermann und Schumacher. Den Naturschutzgebietsteil auf dem Flughafengelände, der – wie alle Gutachten aus den 1990ern übereinstimmend belegen – nach wie vor zum wertvollsten Kernstück der Landschaft gehört und dennoch bisher nicht als EU-Schutzgebiet nach Brüssel gemeldet worden ist, hoben, bis auf die Fraktion von Bündnis 90/Die Grünen um ihren Sprecher Horst Becker, sämtliche Regionalratspolitiker im Dezember 2003 kurzerhand als Bereich zum Schutze der Natur auf.

Ein Blick durch den Zaun lässt erahnen, warum die Wahner Heide innerhalb des Flughafenzaunes nach wie vor so wertvoll ist. Mehr als die Hälfte des Geländes ist bisher nicht bebaut und besteht aus seltenen Heiden und Magerrasen, und die regelmäßigen Mäharbeiten, die aus Sicherheitsgründen durchgeführt werden müssen, erwiesen sich für einige bedrohte Arten als vorteilhaft.

Im 90-Gradwinkel stößt die Verlängerung des Brandwegs auf den Flughafenzaun und führt uns über die Alte Kölner Straße. Auf dem Brandweg passiert man zur Linken die Eichen- und Kiefern-Hudewälder des Geisterbusches, und zur Rechten die heute bewaldete **Wolfsheide**.

Wölfe sind hier leider im 17. Jahrhundert ausgerottet worden, aber offene Heide hatte hier noch bis in die Mitte des 20. Jahrhunderts hinein Bestand. Aufgrund der Aufgabe der **traditionellen Landwirtschaft** sowie dem hier fehlenden

Spießt seine Beute auch schon mal auf: Der Neuntöter

Foto: Anton Luhr

Bedarf, das Gebiet aus militärischen Gründen offen zu halten, wuchs von selbst ein so genannter **Sekundärwald** aus schnellwüchsigen, dafür aber kurzlebigen Pionierbaumarten wie Birken, Erlen und Espen auf. Ein Sekundärwald ist sozusagen das „jugendliche" Stadium des „ausgewachsenen" Primärwaldes.

In der letzten Hälfte des 20. Jahrhunderts erwuchs aus solchen Bewaldungen ein Problem, weil sie sich auf mehreren hundert Hektar gleichzeitig vollzogen und dort die artenreiche und seltene Flora und Fauna der Heiden verdrängten. In der Wahner Heide aber muss – und konnte auch in der Vergangenheit – Platz sein für all diese unterschiedlichen Lebensräume.

Nachdem wir die Große Brandschneise, diese vom preußischen Militär erbaute Piste, die die Belgier „November" nannten, überschritten haben, sind wir „**Unter der dicken Hecke**". Das Feuchtgebiet mit seinen zahllosen Weidengebüschen verdient heute wahrlich seinen alten Flurnamen. Es ist aber noch keine vierzig Jahre her, als hier Bekassinen, Kiebitze und Braunkehlchen eine große Feuchtwiese bevölkerten. Jetzt sind es eben **Neuntöter**, die dieses Gelände in kaum zu übertreffender Populationsdichte besiedeln. Dieser lerchengroße Singvogel, dessen Zweitname „Rotrückenwürger" nicht weniger brachialisch klingt, macht hier Jagd auf die zahllosen Großinsekten. Mistkäfer, Heidelibellen oder Heidekrauteulchen spießt er, wenn er seinen akuten Hunger gerade

links: Raupe der Heidekraut-Eule an der Futterpflanze

rechts: Schmarotzender Würger: Die Ginster-Sommerwurz

Fotos: Dirk Ferber

gestillt weiß, in Brombeergebüschen auf. Das brachte ihm diese unsympathischen Namen ein.

Heidekrauteulchen *Anarta myrtilli* sind übrigens keine Vögel, sondern tagaktive Eulenfalter, Vertreter einer hauptsächlich nachtaktiven Schmetterlingsfamilie. Die in Nordrhein-Westfalen gefährdeten Heidekrauteulchen sind im Sommer bei gutem Wetter oft zahlreich in großflächigen Heidekrautbeständen zu beobachten. Die **Besenheide** ist bei uns die einzige Futterpflanze ihrer Raupen.

Im Winter, wenn der Neuntöter aufgrund seiner Ernährungsweise – die Heidekrauteule beispielsweise existiert dann nicht als Schmetterling, sondern nur als in der Heidestreu verborgene Puppe – ins Afrika südlich der Sahara ziehen muss, wird er hier durch einen nahen Verwandten mit einem noch gefährlicher klingenden Namen abgelöst: Durch den **Raubwürger**. Weil er sich Kleinvögel als Beute erschließen konnte, muss er nicht so weit ziehen. Von Oktober bis Februar lauern die amselgroßen, schwarzweiß gefärbten Vögel gut erkennbar auf Baum- und Buschspitzen auf vorbei fliegende Ammern, Meisen oder Pieper.

Zu hundert Prozent gebunden an den hier zahlreich vorkommenden Besenginster *Sarothamnus scoparius* ist der **Ginsterwürger** *Orobanche rapum-genistae*. Der ist jedoch kein Vogel, sondern eine Pflanze, ein chlorophyllfreier Vollschmarotzer seiner Wirtsart. Deswegen sieht die blühende

Pflanze auch ein bischen so aus wie eine Jahrzehnte in Alkohol eingelegte Orchidee. Die in Nordrhein-Westfalen als gefährdet eingestufte Art hat aber im Gegensatz zu den fliegenden Würgern einen schönen Zweitnamen, nämlich Ginster-Sommerwurz.

Nachtschmetterlinge sind die Nahrungsgrundlage für den **Ziegenmelker** *Caprimulgus europaeus*. Das ist ein falkengroßer, streng nachtaktiver Vertreter aus der Familie der Schwalme. Der Ziegenmelker ist bundesweit stark gefährdet, in der Wahner Heide jagen jedes Jahr meist vier Brutpaare über die Heideflächen. Weil ihre Nahrung durch den Huftritt des Viehs häufig aufgescheucht wird, fliegen sie bisweilen nahe an Weidetieren vorbei. Das veranlasste die Hirten früher dazu, zu glauben, die Nachtschwalbe würde ihnen Milch stehlen.

Glanrinder in der Besenginsterblüte

Foto: Holger Sticht

Auch wenn man angesichts dieses Namens vielleicht eine andere Hügelform erwarten könnte: Die Aussicht vom **Busenberg**, dieser ersten Anhöhe des Rheinischen Schiefergebirges, hinein in die 30-40 Meter tiefer gelegene Kölner Bucht enttäuscht überhaupt nicht.

Die ehemalige Panzerschneise ist seit 1997 die Brander Viehtrift für den **Ziegenhof** Stumpf sowie für die Glanrinder von Mohr und Pechau. Das Glanrind – benannt nach dem Fluss im Nordpfälzer Bergland – ist eine alte, vom Aussterben bedrohte Nutztierrasse. Im Gegensatz zu vielen „modernen" Rinderrassen kommen die Glanrinder mit dem nicht sehr üppigen Futterangebot der Heide gut zurecht.

Die Kosten der Beweidung werden unter anderem durch die Vermarktung des Fleisches und durch Gelder des Flughafen Köln/Bonn getragen. Dieser ist gesetzlich verpflichtet, für erfolgte Eingriffe in die Wahner Heide **Kompensation** zu erbringen. Als Ausgleich für Heideflächen, die an anderer Stelle durch Baumaßnahmen des Flughafens zerstört wurden, sollen traditionelle Landwirtschaftsformen wie diese Beweidung wieder eingesetzt werden, ohne welche die Heide nicht erhalten werden kann. Auf diese Weise versucht man, den durch den Flughafenausbau entstandenen Schaden wieder wettzumachen.

Die Brander Straße führt uns vorbei an der in den Wald gebetteten Stephanskapelle, welche die auf Anfrage geöffnete Ausstellung des Geschichtsvereins Rösrath über das Kriegsgefangenenlager Hoffnungsthal beherbergt, zurück zum Kalmusweiher.

Die bis dahin von der Sonderabteilung VI der Wehrmacht genutzte, heute **Stephansheide** genannte Anlage wurde 1940 zum „Arbeitskommandolager des Truppenübungsplatzes Wahn" ausgebaut. Am 13. April 1945 befreiten amerikanische Truppen rund 1.500 Insassen. Die Baracken im hinteren Teil des Geländes sind Überbleibsel dieses dunklen Teils deutscher Geschichte.

In den Nachkriegsjahren waren Kriegswaisen und junge Flüchtlinge aus dem Osten in dem Lager untergebracht, heute ist Stephansheide eine Einrichtung der Kinder- und Jugendhilfe Michaelshoven.

Ausblick vom Busenberg 1995

Foto: Holger Sticht

Moorlilienblüte im Heidemoor • Foto: Werner Funken

Herfeld-Tour

30.01.2011

Wenn die Moorlilie mit dem Sonnentau

Strecke: 6,8 km

Piktogramm: Blüte der Moorlilie

Wenn man in Rösrath die Autobahn in Richtung Süden überquert, befällt einen das Gefühl, in eine andere Welt einzutauchen. Alte statt neue Häuser, und davon ungleich weniger, spärlich in der wechselweise offenen und bewaldeten Landschaft verteilt – in **Hasbach** scheinen die Uhren langsamer zu gehen.

Die Hasbacher, und ab der Gabelung die **Wolfsheidestraße** führen geradeaus in Richtung Naturschutzgebiet. Auf dem Weg heraus aus dem Sülztal lässt man den Autobahnlärm mehr und mehr hinter sich.

Auf der anderen Seite des devonischen Rückens geht es hinunter auf die rheinische Mittelterrasse. An den seit Sommer 2003 aufgestellten Übersichtstafeln wird die heutige Grenze des Naturschutzgebiets erkennbar. Hier wird endlich auf Ge- und Verbote hingewiesen, und zwar in begründeter Form. Wenn man bedenkt, dass es bis 2002 hier noch nicht einmal die bundesweit üblichen, dreieckigen grün-weißen **Naturschutzgebietsschilder** gab, die den seit 1931 bzw. 1968

Hasbacher Eingeborener: Das Sumpfhornklee-Widderchen

Foto: Dirk Ferber

bestehenden Naturschutzgebietsstatus zumindest hätten anzeigen können, sind diese Tafeln schon eine echte Errungenschaft.

Und auf dieser Übersichtstafel wird auch ein Kartenausschnitt mit Wegenetz dargestellt, der anzeigt, wo man sich befindet und wohin man sich begeben darf. Rote Pfähle sollen uns offenbar auf den rechten Weg führen. Für den langjährigen Wahner-Heide-Besucher ist das erst einmal etwas gewöhnungsbedürftig, dienten diese roten Pfähle doch lange Jahre ausschließlich dazu, die **Rote Zone** zu markieren. Das waren solche Gebiete, die selbst an Wochenenden und Feiertagen aus militärischen Gründen nicht betreten werden durften. Aber die Zeiten ändern sich, die Belgier haben uns verlassen und die Wahner Heide ist seit dem 18. Februar 2004 wieder, erstmals nach fast 40 Jahren, für jeden Bürger jeden Tag zugänglich – auf einem neuen, ausgedünnten Wegenetz.

Über die ehemalige belgische Panzertrasse, auf der sich heute aufgrund der Beweidung mit Ziegen, Rindern und Heidschnucken gefährdete Feuchtweiden-Gesellschaften entwickeln, geht es hinein in das Waldgebiet „**Auf der Maar**“.

Der Name der Flur leitet sich ab von einem stehenden Gewässer oder einem Sumpf. Der **Sandbach**, der den Wolfsheideweg kreuzt, entspringt auch unweit von hier im Lichtenbruch. Bis zu seiner Tieferlegung im 19. Jahrhundert zugunsten des forstwirtschaftlichen Anbaus von Kiefer, Fichte und Buche war das Gebiet überwiegend mit Erlenbruch- und Auwäldern bestanden. Aber vielleicht ist der Name auch wegen des Teiches entstanden, der weiter südlich im düsteren Wald verborgen liegt.

Einige hundert Meter weiter verläuft der Wolfsheideweg mitten durch einen nährstoffarmen Moorwald. Genauer gesagt handelt es sich um ein **Torfmoos-Erlenbruch**, einen in Nordrhein-Westfalen stark gefährdeten Lebensraumtyp, der heute auch in der Wahner Heide nur noch in kleinen Restbeständen vorkommt. Auch dieser Bestand ist durch Aufforstungen nach wie vor beeinträchtigt.

Moorwälder, Bruchwälder oder Brücher sind durch einen konstant nahe der Oberfläche liegenden Grundwasserspiegel gekennzeichnet, sie entwickeln sich also in staunassen

Herfeld-Tour
Wenn die Moorlilie mit dem Sonnentau
Länge: 6,8 km
Straße
Weg
Wanderweg
0
100
500
1000 m
GPS Daten
UTM/WGS 84, Zone 32 Nord
Start: O: 371710 N: 5638657
P I: O: 370170 N: 5637846
P II: O: 370632 N: 5637277
P III: O: 371349 N: 5636924
P IV: O: 372175 N: 5637657
Unterexchbach
DB
RB 25
"Bahnhof Rösrath"
Hauptstraße
RÖSRATH
Sülztalstraße
Sülz
Scharrenbroich
Brander Straße
Lohmar
Rambrücken
AS 30 Rösrath
A 3 Köln-Frankfurt
Sandfeld
Start
Hasbacher Straße
Pinnenbusch
Brand
Auf dem neuen Felde
Brander Straße
Wolfsheide-Straße
Krankenbrünchen
Hasbach
Schefferei
Krühmerich
Mühlheimer Teiche
"James Watt"
Scheferei
P IV
Lichtenbroch
Hülsen
Auf der Fuchskaule
Heuweg
Brander Wiese
Weidekoppel
Weidekoppel
Hasbacher Wiese
Hasbacher Straße
Wolfsheideweg
Auf den Alten Höfen
Förstchensteich
Auf der Maar
Hügelgräber
P III
Hühnerbruch-Tour
Sandbach
November (Brandschneise)
P I
P II
Herfeld
Camp Altenrath
Alte Kölner Straße / Panzerstraße
Sandbacher Heide
Flughafen Köln/Bonn Konrad Adenauer

Prioritärer Lebensraumtyp: Der Torfmoos-Erlenwald

Foto: Holger Sticht

Bereichen. Häufig stehen sie am Ende einer natürlichen Niedermoorentwicklung, wenn die Vegetation weit genug über den Wasserspiegel hinaus gewachsen ist und dadurch Gehölze Fuß fassen können. Erlenbrücher entstehen auch in quellig durchsickerten Randzonen der Bachauen.

Neben der Schwarz- oder **Roterle** *Alnus glutinosa* sind Moorbirke *Betula pubescens* und Faulbaum *Frangula alnus* vorherrschende Gehölze. Den Boden überzieht ein dichter Teppich mehrerer Torfmoosarten, darunter das **Sumpf-Torfmoos** *Sphagnum palustre*. Gerade diese Torfmoose sind sehr trittempfindlich, schon geringfügige Belastung kann zu ihrem Absterben führen und ist daher untersagt.

Auf dem November, einer preußischen Piste mit belgischem Militärnamen, endet der Wolfsheideweg heutzutage. Wir folgen dem November in Richtung Südosten durch die

Architekt der Heidemoore und Moorwälder: Das Torfmoos

Foto: Werner Funken

Sandbacher Heide. Sie ist allerdings ebenso wie die Wolfsheide in der zweiten Hälfte des 20. Jahrhunderts bewaldet, weil die Heidewirtschaft ausstarb oder durch das Militär verdrängt worden war.

Der vom preußischen Militär angelegte Pistendamm staut den Sandbach, der hier ein zweites Mal unseren Weg kreuzt, im Frühjahr auf und drängt die angepflanzten, nicht standortgerechten Fichtenforste zurück. Ein **Erlen-Birkenbruchwald** etwas nährstoffreicherer Ausprägung mit Gelben Schwertlilien *Iris pseudacorus* erobert sich sein angestammtes Terrain zurück.

Erlen-Birkenbruchwald

Foto: Holger Sticht

Die heutige Waldgrenze markiert den Übergang zum Sagen umwobenen Herfeld. Der Name rührt unter anderem daher, dass das **Herfeld** im Mittelalter Sammelplatz für die männlichen Einwohner des Umkreises gewesen ist, wenn der Herzog von Berg zur Teilnahme an einem Kriegszug aufforderte. Es war aber auch Austragungsort zahlreicher Schlachten, zum Beispiel während des 30-jährigen Krieges zwischen hessischen und schwedischen Truppen 1636. Wenn man von der südlichen, heute noch frei zugänglichen Anhöhe Richtung Norden auf das offene Herfeld blickt, kann man sehr gut den länglichen Kessel des Herfeldmoores erkennen und sich vors geistige Auge führen, wie sich zwei „säbelrasselnde“ Truppen auf den parallel verlaufenden Hügelrücken gegenüberstanden,

Waldläusekraut, Gruppenbild mit Hirsesegge
Foto: Dirk Ferber

Kreuzblümchen gibt es mit blauen, rosa und weißen Blüten
Foto: Dirk Ferber

Krabbenspinne lauert auf einem Torfmoos-Knabenkraut
Fotos: Heinz Baum

um im Anschluss daran in der sumpfigen Niederung aufeinander zu stoßen.

Das Herfeld war nicht zufällig Versammlungsplatz der Krieger, denn es ist wohl schon vor dem Mittelalter eine alte **Thingstätte**, also ein Gerichtsort der umliegenden Dörfer gewesen. Aus allen Himmelsrichtungen strömten die Menschen in die Mitte der Heideterrasse und bildeten für mehrere Tage auf dem Herfeld eine Zeltstadt. Schon damals wusste man, das Nützliche mit dem Angenehmen zu verbinden. Man darf sich das wohl als eine Art Rummelplatz vorstellen, auf welchem es nicht nur Wohnzelte und den Thinghügel gab, vom welchem aus die Rechtssprüche verkündet wurden, sondern auch Verkaufsbuden, sportliche Wettkämpfe und Darbietungen von Gauklern und Barden mit Tanz und feuchter Fröhlichkeit.

Die vom Gericht ausgesprochenen Gottesurteile sollen aber zum Teil weniger lustig gewesen sein, das Eintauchen der Hand in siedendes Wasser beispielsweise, möglichst ohne Wunden davon zu tragen. Alle standen unter dem unmittelbaren „Einfluss der Götter“, was auf meditative Fähigkeiten, möglicherweise auch auf regen Drogenkonsum schließen lässt. Dass unsere frühen Vorfahren deutlich mehr über den Umgang mit heimischen Pilzarten wussten als wir, ist ja schon länger bekannt.

War das Thing beendet, wurde alles abgebaut und die Menschen kehrten nach Hause zurück. Der eben noch belebte Platz lag dann für längere Zeit einsam und verlassen dar. So entstand die **Sage von der versunkenen Stadt**.

„Vor uralten Zeiten hat am Herfeld auf der Wahner Heide eine Stadt gestanden, die hieß Thing. Sie ist im grundlosen Moor versunken. Aber Sonntagskinder hören an stillen Abenden aus der Tiefe ihre Glocken läuten.“

Herfeld ist im 17. Jahrhundert eine kleine Töpfer-Ansiedlung gewesen. Die **Erdkaulen**, kleine Tongruben, dienten noch im 19. Jahrhundert dem Abbau von Ton für die vor Ort gebrannten Dachziegel. Das Dorf fiel der Schießplatzerweiterung 1895 zum Opfer, die Überreste liegen wahrscheinlich unter der **Querwindbahn** des Flughafens begraben.

Ein künstlicher Damm führt vom November ab und zwischen dem Herfeld-Restmoor auf der linken und der Anflugbefeuerung der Querwindbahn auf der anderen Seite hindurch. Hier kann es nicht nur sehr laut, sondern auch – bedingt durch die starken Scheinwerfer – sehr grell werden.

Das **Herfeldmoor** wurde durch den Bau der Querwindbahn größtenteils zerstört, die Reste werden nach wie vor entwässert. Dazu dient auch der Drainagegraben unter den Scheinwerferreihen. Ausgerechnet an diesem selbstverständlich gut vernässten Graben finden sich noch Reste der Moorvegetation, die im restlichen Moor durch Entwässerungen zum großen Teil verdrängt wurden.

Nur spezialisierte Arten können den niedrigen PH-Wert, die Nährstoffarmut und die zumindest in den Schlenken – den kleinen Rinnen zwischen den **Pfeifengrasbulten** – stagnierende Nässe vertragen. Hierzu gehören zum Beispiel Arten der Glockenheide-Gesellschaft wie der Namensgeber *Erica tetralix* und die **Moorlilie** *Narthecium ossifragum*, Arten der Hochmoorbult-Gesellschaft wie der Rundblättrige Sonnentau *Drosera rotundiflora* und Arten der Borstgrasrasen wie Waldläusekraut *Pedicularis sylvatica* und Quendel-Kreuzblümchen *Polygala serpyllifolia*. Sie sind in und an dem Entwässerungsgraben auf vergleichsweise schonende Art und Weise zu besichtigen.

Viele Arten der Moorgesellschaften haben sich aber an die Eingriffe nicht anpassen können. Rosmarinheide *Andromeda polifolia* und **Torfmoos-Knabenkraut** *Dactylorhiza sphagnicola* sind zwar noch in der Wahner Heide, aber nicht mehr im Herfeldmoor vertreten. Letztere wurde in der Wahner Heide 1926 durch Höppner sozusagen „entdeckt“. Etwa 70 % des Weltbestandes sollen von dieser endemischen, das heißt, von Natur aus sehr gering verbreiteten Orchideenart noch in der Wahner Heide vorkommen. Und auch das sind nur wenige

Feuchtheide-bewohner in Tarnfarben: Der Wiesenpieper

Foto: Anton Luhr

hundert Individuen, die durch Entwässerungen und Flughafenausbaumaßnahmen nach wie vor massiv gefährdet sind.

Bei der Fauna sieht es ähnlich aus. Der Kleine Blaupfeil *Orthetrum coerulescens* ist bundesweit stark gefährdet, besiedelt hier aber als Bewohner schmaler, langsam fließender Gewässer die Entwässerungsgräben.

Birkhuhn *Tetrao tetrix* und wahrscheinlich Großer Brachvogel *Numenius arquata* sind schon in den 1950ern durch Flughafenbaumaßnahmen als Brutvögel verdrängt worden, die Bekassine *Gallinago gallinago* etwa 40 Jahre später. Der **Kiebitz** *Vanellus vanellus* unternimmt immer wieder Ansiedlungsversuche, wird aber auf dem Flughafengelände bekämpft, weil er aufgrund seiner Aggressivität im Gelegebereich als Gefahr für den Luftverkehr gilt. Bliebe noch der **Wiesenpieper** *Anthus pratensis*, der zwar kein klassischer Moorvogel ist, in der Wahner Heide aber die großflächig offenen Feuchtheiden besiedelt.

Moore entstehen in staunassen Mulden und Senken, oft in Folge der Verlandung von Weihern und Seen. Bei nährstoffarmen Verhältnissen kann es zur Ansiedlung von **Torfmoosen** *Sphagnum spec.* kommen. Die unteren Teile dieser wurzellosen Pflanze sterben ab und vertorfen, sie werden unter Sauerstoffabschluss im Wasser nicht vollständig zersetzt. Der obere Teil des Sphagnums aber – und mit ihm der Torfkörper – wächst in äußerst geringem Tempo weiter empor.

Torfmoose besitzen große Wasserspeicherzellen, mit denen sie mehr als das 20-fache ihres Eigengewichtes an Wasser

Paarungsrad des Kleinen Blaupfeils

Foto: Jörg Kammel

Torfstich mit den Fruchtständen des Schmalblättrigen Wollgras

Foto: Hartmut Junker

speichern können. Sie bauen quasi ihren eigenen Lebensraum, indem sie aktiv zur Versauerung beitragen und dadurch konkurrenzstärker werden gegenüber großwüchsigen Wasserpflanzen. In der Wahner Heide existiert noch die beachtliche Anzahl von 20 teilweise hochgradig gefährdeten Torfmoosarten.

Das Pflanzenkleid der **Heidemoore** ähnelt dem der Hochmoore (z. B. im Hohen Venn ursprünglich verbreitet), obwohl die Heidemoore der Wahner Heide keine Hochmoore sind. Bei uns ist es insbesondere im Sommerhalbjahr zu trocken, als dass ein solches, ausschließlich durch Regenwasser gespeistes Hochmoor heranwachsen könnte. Aber das Ausgangsgestein, vor allem der tertiäre Ton, ist in der Wahner Heide so nährstoffarm, dass die Vegetation, und dementsprechend die Tierwelt, hochmoorähnlich werden konnte.

Unter anderem wegen seines starken Aufsaugevermögens und seiner Sterilisationsfähigkeit wurde Torfmoos-Torf früher gerne im Hausgebrauch und als Stallstreu verwandt. In Altenrath soll Torf im 19. Jahrhundert laut Rademacher der wichtigste Brennstoff gewesen sein. Auch im Herfeld finden sich noch mehrere Kleingewässer, die das **Torf stechen** früherer Zeiten dokumentieren.

Die Zerstörungen erreichten jedoch nie das Ausmaß, das später militärische Entwässerungen und Flughafenbau in der Wahner Heide sowie anderswo industrieller Raubbau nach sich zogen. Die Gattung der **Wollgräser** beweist dies eindrucksvoll: Von den ehemals vier in der Wahner Heide vorkommenden Arten hat nur eine das 20. Jahrhundert überlebt! Das Schmalblättrige Wollgras *Eriophorum angustifolium*

Schnake in den „Fängen" des Rundblättrigen Sonnentaus

Foto: Werner Funken

fällt im Frühsommer auch im Herfeldmoor schon von weitem durch seine wie weiße Wattebausche im Wind „hängenden" Fruchtstände auf.

An dem rot-weißen Trafohäuschen vorbei geht es aus der Senke des Herfeldmoores heraus. Fast an der Hasbacher Straße angelangt markiert das „Betreten verboten"-Schild die Einfahrt zum Förstchensteich. Das Gewässer ist nur für Mitglieder des belgisch-deutschen Angelvereins, des jahrelangen Pächters, zugänglich.

Der Name rührt daher, dass der Teich in dem Bereich des 1914 durch das preußische Militär geräumten Hasbacher Weilers „Förstchen" angelegt wurde. Bei der Verbreiterung der A 3 fiel Mitte der 1960er Bauschutt an, den man hier am Herfeld zu einem Damm aufgeschichtet hat, der seitdem die auf die Mittelterrasse hinunter laufenden Rinnsale aufstaut.

Weiter oberhalb an der Hasbacher Straße, in Sichtweite vom Förstchensteich gab es zwischen 1992 und 1994 drei Winter lang die bis dato größten Protestaktionen zum Schutze der Wahner Heide, die **Waldbesetzungen**. Bürgerinitiativen, Verbände und Einzelpersonen unter dem Dach der ADAF (Aktionsgemeinschaft der Ausbaugegner des Flughafen Köln/Bonn, später Bündnis Wahner Heide) besetzten den Wald unterhalb der Schefferei an der Hasbacher Straße mit Bauwagen, Zelten und Holzhütten, um auf die aus Gründen der **Flughafenexpansion** geplanten Abholzungen im Naturschutzgebiet aufmerksam zu machen.

Die erste Besetzung verhinderte die geplanten Einschläge. Die zweite Besetzung startete am 4.12.1992 und endete mit

Klaus der Geiger und Freunde im Hudewald

Foto: Werner Funken

der polizeilichen Räumung am 12.1.1993. 600 Polizisten, inklusive vermummtem Sondereinsatzkommando, wurden aufgefahren, um 30 friedliche Naturschützer von den Bäumen und aus dem Wald zu tragen. Im Winter 1993/94 folgte die dritte und letzte Waldbesetzung. Zwar konnten die Abholzungen letztendlich nicht verhindert werden, doch brachten die Aktionen erstmals bundesweite Aufmerksamkeit für die ökologische Bedeutung und die Problematik der Wahner Heide.

Klaus der Geiger beteiligte sich an den Aktionen ebenso wie viele andere Kölner Straßenmusiker. In dieser Phase entstand das Lied „Denn die Natur, die braucht den Menschen nicht".

Die Wahner Heide: ein Stück Natur,
in ihrer Art einmalig nur.
Mit Wassertümpeln und Baumgiganten:
fast schon ausgestorbenen Tieren und Pflanzen:
Ein Lebenselixier für Mensch und Tier!
Und in ihrer Mitte ein Krebsgeschwür:
Der Flughafen-Wahn
mit einem gigantischen Ausbauplan!

(Auszug – Text und Musik: Klaus der Geiger)

Der Rundwanderweg führt rechts hoch, auf die durch kleine Erosionsrinnen geprägte ehemalige Panzerpiste. Das ist der Lebensraum des Echten **Tausendgüldenkraut** *Centaurium erythraea*. Sie ist eine meist zweijährige Halbrosettenpflanze, die frische, offene Ton- und Lehmböden besiedelt. Wie es der Name schon andeutet, dieses Enziangewächs war wegen seiner Bitterstoffe früher ein sehr hoch geschätztes Heilkraut.

Auch heute noch findet es Anwendung bei Magen-, Leber- und Gallenleiden. Wilde Pflanzen sind allerdings geschützt, es dürfen nur angebaute verwendet werden.

In der Wahner Heide gibt es außerdem auf offenen, feuchten und tonigen Wegen das Zierliche Tausendgüldenkraut *Centaurium pulchellum*, das noch etwas anspruchsvoller und deswegen in Nordrhein-Westfalen gefährdet ist.

Demonstration an der Besetzungsstelle 1993

Foto: Holger Sticht

Von August bis Oktober geben die Fruchtkörper des roten **Fliegenpilzes** *Amanita muscaria* der Heide eine farbliche Bereicherung. Fliegenpilze bevorzugen Birken-Sekundärwälder als Lebensraum, und von denen gibt es sehr viele hier. Das schöne an dem Pilz ist, neben seinem Erscheinungsbild, dass man ihn wirklich nicht mit essbaren Arten verwechseln kann, zumindest nicht in der Region der Heideterrasse. Fliegenpilzvergiftungen äußern sich durch heftige Magenschmerzen und Erbrechen, aber auch durch halluzinogene Zustände. Deswegen ist er seit Jahrtausenden eine Naturdroge, in seinem gesamten eurasischen Verbreitungsgebiet.

Der Name rührt daher, dass man früher Fliegenpilzstücke in gezuckerte Milch legte, um die Fliegen, die von der Milch naschten, zu töten.

Echtes Tausendgüldenkraut

Foto: Hartmut Junker

An der großen Wegekreuzung führt der Rundwanderweg links ab, über die Hasbacher Straße hinweg und verlängert sich in dem Hauweg. Während der sich langsam aber sicher und schnurgerade talwärts neigt, passiert man die für den Luftverkehr abgeholzten Wälder.

Mitte der 1990er sind hier am **Krühmerich** auf einer Fläche von 28 Hektar Wald- und Forstbestände eingeschlagen worden, weil die Querwindbahn, in deren Einflugschneise wir uns hier befinden, besser ausgelastet werden sollte. Zuerst hatten Behörden und Flughafen GmbH behauptet, die Bäume seien so hoch gewachsen, dass sie die landenden Flugzeuge gefährdeten. Doch im Zuge massiver Bürgerproteste musste die Flughafenseite zugeben, dass die Abholzungen nicht wegen der Aufrechterhaltung der Luftsicherheit, sondern wegen der geplanten Aufhebung von Nutzungsbeschränkungen für die Querwindbahn durchgeführt werden sollten. Die Nutzungsbeschränkungen (unter anderem die Verlagerung des Aufsetzpunktes der Flugzeuge Richtung Westen) gewährleisteten die **Luftsicherheit**, nicht jedoch die hundertprozentige Leistungsfähigkeit der Landebahn.

Naturdroge mit üblen Nebenwirkungen: Der Fliegenpilz

Foto: Dr. Guido Sticht

Tobende Heidschnuckenlämmer

Foto: Dirk Ferber

Der Rundwanderweg führt nach links, hinunter zur Angelteichanlage, lässt den Stichweg hoch zum Krühmerich rechts liegen. Den Gipfel mit dem Luftfeuer darf man heute nicht mehr begehen.

Die Mühlheimer Teiche sind benannt nach dem Angelverein, der diese Fischteichanlage seit Jahrzehnten pachtet.

Von alters her wurde in verlassenen Ton- und Erzgruben, in Torfstichen, oder wie im Falle der Mühlheimer Teiche in aufgestauten Siefen **Teichwirtschaft** betrieben. Diese wurde aber aufgegeben, als einerseits die Selbstversorgung zurückging und andererseits das Militär die entsprechenden Flächen beanspruchte. Heute sind einige Teichanlagen an Angelvereine verpachtet, die die frühere Bewirtschaftung als Freizeitvergnügen betreiben.

Aufgrund mangelnder Verlandungszonen und häufig unverträglicher Bewirtschaftungen wie dem Besatz mit nicht standortgerechten Tier- und Pflanzenarten sind solche Teichanlagen meist von geringer ökologischer Bedeutung. Aber hier pflanzt sich immerhin eine Libellenart fort, die landesweit als gefährdet eingestuft ist: Die **Glänzende Smaragdlibelle** *Somatochlora metallica*. Diese Art zeigt eine Vorliebe für Teiche mit bewaldeten Ufern.

Ein Feldweg, der denselben Namen trägt wie das vor uns liegende Dörfchen, führt uns aus dem Sülztal hinauf auf den devonischen Rücken Hasbachs. Ein Blick auf die Tranchot-Karte von 1820 dokumentiert, wie der Name des Jahrhunderte alten Weilers „**Schefferei**" entstanden ist. In dieser preußischen Uraufnahme wird er nämlich als „Schäferey" bezeichnet, und durch die dialektische Aussprache entwickelte sich die heutige Schreibweise und der heutige Name.

Diese uralte Schäferei ist wieder das Zuhause einer **Heidschnuckenherde**, nämlich jener des alten Heideimkers Günter Käding. Er gehört zu denjenigen, die Imkerei heute noch betreiben, wenn auch als Hobby.

Die **Bienenwirtschaft** war neben anderen traditionellen Bewirtschaftungsformen wie Viehwirtschaft oder Schiffelwirtschaft eine der wichtigsten Erwerbszweige der Heideregion. Im Dorf Rath im Norden der Heide brachte die Imkerei bis ins 19. Jahrhundert hinein die meiste Beschäftigung. 1811 waren in der Gemeinde Rösrath 648 eigene und 103 fremde Bienenstöcke bekannt. Die Tatsache, dass nicht ortsansässige **Imker** ihre Stöcke aus anderen Gegenden vor allem während der Heideblüte gerne auf die Heide brachten, führte immer wieder zu Streitigkeiten und Beschwerden.

Bienenstand am Forsthaus Schauenberg 1928

Foto: Heimat- und Geschichtsverein Rechtsrheinisches Köln

Bienenwachs wurde zur Herstellung von Kerzen, der seinerzeit einzigen Möglichkeit der Beleuchtung, verwandt, und Honig war eine wichtige Zucker- und Heilmittelquelle. Außerdem steigerte die Bestäubung durch Bienenvölker den Ernteertrag der angebauten Pflanzen beträchtlich.

Ursprünglich gewann man **Honig** und Wachs nur von wilden Honigbienen. Bis in die frühe Neuzeit hinein war die Waldbienenwirtschaft, für die sich die sogenannten Zeidler zuständig zeigten, bei uns verbreitet. Durch das Angebot von für die Bienenköniginnen attraktiven Körben fing man die Bienenstaaten nach und nach ein. Heute ist die **Honigbiene** *Apis mellifera* vollständig domestiziert, wilde Populationen sind ausgestorben.

Mit dem Aufkommen der Zuckerindustrie in den 1820er Jahren ist die Imkerei auch im Gebiet der Heideterrasse in der Folgezeit als Gewerbe verdrängt worden. Parasiten wie die südostasiatische **Milbe** *Varroa destructor*, die durch den weltweiten Bienenhandel in den 1980er Jahren auch in unseren Raum gelangte, gefährden heute die Existenz selbst nicht gewerblicher Imkereien.

Die Hasbacher Straße, die auch von Autos genutzt wird und daher mit gewisser Vorsicht zu genießen ist, führt uns zum Ausgangspunkt zurück. Auf dem Weg hinunter ins Sülztal wird die Autobahn wieder lauter. Bei allen Nachteilen, die dieser Verkehrsweg für die Landschaft mit sich bringt: Möge er wenigstens weiterhin dazu beitragen, dass Heidedörfer wie die Schefferei ihre Eigenart erhalten können.

Imker Käding bei der Arbeit

Foto: Hartmut Junker

Früher Panzerstraße, heute Wanderweg: Einblicke im Hühnerbruch • Foto: Stefan Pütz

HÜHNERBRUCH-TOUR

13.3.2011

Über die Panzertümpel im Kannenbäckerland

Strecke:
7,5 km

Piktogramm:
Kanne

Der historische Ortskern Altenraths, und hier das heutige Gelände des Informationszentrums Wahner Heide, ist der Ausgangspunkt dieser Wanderung. Hier lebte eine von fünf Familien der **Altenrather Kannenbäcker**, die von 1635 bis etwa 1683 sehr qualitäts- und kunstvolle Keramik produzierten. Das Steinzeug war seinerzeit in ganz Europa und sogar darüber hinaus hoch geschätzt, doch erst ab 1984 wurden Spuren dieses **Kunsthandwerks** im Rahmen der Neubauerschließung und entsprechender Erdarbeiten wiederentdeckt.

Die Altenrather Kannenbäcker sinterten den in der Heide abgebauten hellen Tertiärton vollständig durch. Sie erzielten die für damalige Verhältnisse beachtliche Leistung, bei über 1.200 Grad zu brennen. Erst durch diese hohen Temperaturen wird der Ton vollständig wasserdicht. Die Kannen, Becher und Krüge wurden mit naturalistischen Pflanzenornamenten sowie mit Kobalt- oder Manganbemalung und einer Salzglasur versehen.

Wahrscheinlich aufgrund der Konkurrenz zu den viel größeren Westerwälder **Töpfereien**, aber auch aufgrund der

Altenrather Kunsthandwerk aus dem 17. Jahrhundert

Foto: Werner Funken

Abgeschiedenheit von großen Handelswegen starb hier das Kunsthandwerk Ende des 17. Jahrhunderts aus.

Läuft man die ehemalige Kirchstraße, die seit 1970 „Flughafenstraße" heißt, hinunter, passiert man zwangsläufig **Sankt Georg**. Zwei prächtige alte Rosskastanien bewachen den Eingang zu der romanischen Mittelpunktkirche und dem vorgelagerten historischen Friedhof mit Grabsteinen aus der Zeit der Kannenbäcker.

Seit ihrer letzten großen Renovierung 1967 präsentiert sich Sankt Georg in ziegelrot. Sie lässt aufgrund der zahlreichen Baumaßnahmen in den Jahrhunderten zuvor, insbesondere jener der 1860er Jahre, von ihren Ursprüngen aus dem Zeitraum um 1150 von außen nichts mehr erkennen.

Bald geht es scharf rechts hinunter in den **Kirchsiefen** und seine Fischteichanlage. Der Kirchsiefenweg streift in einer Entfernung, die der damaligen Sichtweite über die offene Heide entsprochen haben muss, das bis 1915 existierende Industriegelände der **Ludwigshütte**, führt heute aber durch einen Forst, der eher an eine Baumschule erinnert, weniger ein Naturschutzgebiet erahnen lässt. Auch der asphaltierte Schauenbergweg zum Forstamt, den es zu überqueren gilt, und die wenig später folgende Tanklager-Station wirken deplaziert. Zu erklären sind diese ortsuntypischen „Errungenschaften" vielleicht damit, dass das Gebiet östlich der Hasbacher Straße in Höhe Altenraths erst im 21. Jahrhundert unter Naturschutz gestellt wurde.

Hinter der umzäunten Station wird die Straße geradeaus zum Waldweg, von dem aus der erste Abzweig nach links zur **1.000jährigen Eiche** führt.

Sie ist zwar nicht ganz tausend Jahre alt und muss seit einigen Jahrzehnten, durch einen Blitzschlag bedingt, ein „Betonkorsett" tragen, doch eine imposante Erscheinung ist sie allemal. Vor allem heute, da „Boxhohn's Eech" umgeben ist von jungen Bäumen, die meistens lange bevor sie ihr natürliches Höchstalter erreichen, abgeerntet werden.

Als nächstes ist die Hasbacher Straße zu überqueren, um danach dem Waldpfad nach rechts zu folgen.

Köln Porz-Grengel
Herfeld-Tour
Bockshohner Land
Bockshohner
Hofweg
Buschweg
A3
Hähnen
Pastorats-busch
Agger-Sülz-Weg
P I
Hügelgräber
Tausendjährige Eiche
Hasbacher Straße
Camp Altenrath
Kirchbusch
Hohe Schanze
Luftfahrtfeuer
Deutscher Wetterdienst
Panzer-waschanlage
Schauenbergweg
Bundesforstamt Wahnerheide
TROISDORF
Dornenfeld
Altenrath
P II
Kameke-berg
Start
Bitzenberg
Kirchsiefenweg
Ludwigshütte
Altenrath-Tour
Schiefel
Flughafen Köln / Bonn
Konrad Adenauer
Geisswinkel
Sicherheits-stand 8
Alte Kölner Straße / Panzerstraße
Hühnerbruch
P III
Ruine
Unter den Ginstern
Altenrath Kirche
INFO ZENTRUM WAHNER HEIDE
Ruine
Sand
Eisensteins Grube
Wittenhörner Feld
Flughafenstraße
P IV
historischer Friedhof
Kirche St. George
Bus 506 Altenrath Mitte
Heidegraben
Tongrubenteich
"Versöhnung"
Tongrube
P V
Kremers Heide
Altenrather Gemeen
Troisdorf
Lohmar
GPS Daten
UTM/WGS 84, Zone 32 Nord
Start: O: 372979 N: 5635595
P I: O: 370764 N: 5636830
P II: O: 370932 N: 5636243
P III: O: 371491 N: 5635932
P IV: O: 371686 N: 5635605
P V: O: 371842 N: 5635329
N
Hühnerbruch-Tour
Über die Panzertümpel im Kannenbäckerland
Länge: 7,5 km
Straße
Weg
Wanderweg
0 100 500 1000 m

Ältester Baum der Wahner Heide: Die 1.000jährige Eiche

Foto: Holger Sticht

Während wir das **Boxhohner Land** durchqueren, erinnern wir uns der alten Sage vom General Boxhohn.

„Als Bonifatius den Heiden auf der Altenforster Heide das Evangelium predigte, weigerte sich ein mächtiger Franke, in gebückter Stellung die Taufe zu empfangen. Er verließ seine Stammesbrüder und gründete mitten auf der Heide ein Gehöft und nannte es Boxhohn. Er wurde später ein mächtiger General und verrichtete große Heldentaten. Als er starb, legte man seinen Leichnam in einen goldenen Sarg unter dem mächtigen Hügel der Hohen Schanze. Den goldenen Sarg setzte man in einen silbernen und beide in einen eisernen. Schon viele haben versucht, das Grab zu finden, aber vergebens."

Den Ort Boxhohn hat es unweit von hier an der Hasbacher Straße tatsächlich bis etwa 1917 gegeben. Die Entstehungsgeschichte der Sage wird einige hundert Meter weiter an der **Hohen Schanze** deutlich.

Nachdem uns die Piktogramme in einen Abzweig nach links lotsten, stoßen wir recht bald auf einen kleinen Hügel, der in den Wanderweg hineinragt.

Dickshaus am Boxhohn, 1917 abgebrochen

Foto: Carl Rademacher

Vor 2003 war das **Hügelgräberfeld** der Hohen Schanze am besten an der sie umgebenden Leitplanke zu erkennen – was die Bäume, die sich im Laufe ihres Wachstums um das Metall herum wanden, als gezeichnete Zeugen noch Zeit ihres Lebens dokumentieren werden. Diese Planken hatten die belgischen Streitkräfte Mitte der 1960er um diesen historischen Friedhof herum errichtet, um Hügelgräber vor querfeldein fahrenden Panzern zu schützen. Denn besonders auffällig sind die meisten mit einer heutigen Höhe von weniger als einem halben Meter nicht mehr.

Hügelgrab im Roteichenforst, bis 2003 durch eine Leitplanke vor Panzern geschützt

Foto: Hartmut Junker

Leider schützten die Leitplanken nicht vor forstwirtschaftlichen Eingriffen. Hubert Iven beklagte schon 1933, dass Grabhügel bei Aufforstungen eingeebnet werden.

Der Altenrather Lehrer **Joseph Rademacher** erkannte als erster die Bedeutung der Grabhügel, und startete um 1880 die ersten systematischen Grabungen. Mit dabei war schon damals sein Sohn Carl, der später die Kölner Anthropologische Gesellschaft und das Museum für Vor- und Frühgeschichte gründete und damit einer der Väter des Römisch-Germanischen Museums in Köln ist. Dort werden auch einige der Funde aus der Wahner Heide ausgestellt.

Die etwa 700 Hügelgräber mit rund 1.000 Bestattungen stammen überwiegend aus der **Hallstattzeit**. Dies ist eine nach den Funden in der oberösterreichischen Stadt benannte, eisenzeitliche Kulturepoche, die den Zeitraum von 750 bis 500 v. Chr. umfasst. Seinerzeit siedelten hier keltische Volksgruppen, die aus Südosteuropa eingewandert waren. Sie lebten nicht nur von der Jagd und der Viehwirtschaft, mit der eisernen Pflugschar waren sie auch zu einer bis dahin bei uns nicht bekannten Ackerwirtschaft befähigt. Und sie besaßen einen typischen Bestattungskult: Sie verbrannten ihre Leichen, setzten sie mit Grabbeilagen in Urnengräbern bei und errichteten Hügel über diesen Gräbern.

Hallstatturne, 500-350 v. Chr.

Foto: Matthias Dederichs

Keine dreihundert Meter vom Hügelgräberfeld entfernt öffnet sich die große Freifläche des Herfelds.

Heute liegt das **Herfeld** – wie an der Aussicht auf den Frachtbereich unschwer zu erkennen ist – auf dem Flughafengelände, teilweise auch außerhalb in der Einflugschneise der Querwindbahn. Hier wird aus Gründen der Hindernisfreihaltung für den Flugbetrieb eine Art Niederwaldwirtschaft betrieben, bei der der natürliche Baumaufwuchs regelmäßig abgeholzt wird. Leider wird das Holz nicht verwertet, sondern in der Fläche belassen, was diese Einschläge natürlich von der traditionellen Niederwaldwirtschaft unterscheidet und auch Pflanzenarten der Krautschicht hemmt.

Dieselben Volksstämme, die die Hügelgräberkultur mit sich brachten, müssen auch landwirtschaftliche Methoden wie die **Niederwaldwirtschaft** bei uns eingeführt haben. Die ersten Niederwälder sind für das nahe Siegerland aus der Frühen Eisenzeit (um 1.000 v. Chr.) nachweisbar.

Durch eine mit Birken bewaldete Heide und einen anschließenden Roteichenforst führt der Weg am ehemaligen Pferdestall und an Offiziersunterkünften des **Camp Altenrath** vorbei.

Camp Altenrath 2001

Foto: Hartmut Junker

Ausgewachsener Eichen-Niederwald

Foto: Holger Sticht

Bereits im Februar 2003 stellten die beiden Naturschutzverbände BUND und LNU mit dem Dachverband Bündnis Wahner Heide der Öffentlichkeit ein naturschutzgerichtetes Konzept für die Folgenutzung eines Fünftels der für die belgischen Streitkräften 1951 erbauten Kaserne vor. Das Konzept „Landschaftszentrum Südliche Heideterrasse" sieht unter anderem vor, neben dem Informationszentrum Wahner Heide, das sich seit 1996 im Ortskern Altenraths befindet, einen Heidehof für die Landschaftspflege und die verbandseigene Patenschaftsherde, ein Heidemuseum, in dem die bisher verstreuten Ausstellungen zusammen geführt und ergänzt werden sollen, einen Heideproduktladen sowie eine wissenschaftliche Forschungsstelle dort anzusiedeln. Hier soll gezielt und umfassend für den Erhalt der Wahner Heide geworben, die zahlreichen Interessen der Bürger gebündelt und für den Natur- und Kulturschutz eingesetzt werden. Getreu dem Motto: Nur wer die Wahner Heide kennt wird bereit sein, für ihren Schutz einzutreten.

Während das Vorhaben in der Warteschleife fliegt, nagt an dem volkswirtschaftlichen Vermögen der Zahn der Zeit.

„**Südliche Heideterrasse**" deswegen, weil die Wahner Heide das größte und wertvollste Relikt der einstmals zusammenhängenden rechtsrheinischen Heideterrasse darstellt, einem durch tertiäre und quartäre Sedimente geprägten Landschaftsraum, der sich vom Ruhrgebiet bis in die Hangelarer Heide bei Sankt Augustin erstreckt. Der Südteil dieser Terrasse mit den Naturschutzgebieten Königsforst, Wahner Heide und jenen des Lohmarer Waldes ist zwar durch Verkehrswege zertrennt, aber durch Flächenverbrauch nicht so sehr voneinander isoliert, dass er nicht wieder zusammenwachsen könnte. Ist

Kreuzkrötenlaich zwischen Österreichischer Sumpfsimse

Foto: Holger Sticht

dies vielleicht der Geburtsort des ersten nordrhein-westfälischen **UNESCO-Biosphärenreservats**, dem weltweit ersten innerhalb eines Ballungsraums? Eine Vision, von deren Verwirklichung wir gerade nur träumen können.

Nach Überqueren der Alten Kölner Straße streift unser Blick die von Weitem erkennbare Wetterstation Köln/Bonn. Der Wanderweg passiert ein überwuchertes Betonbassin, an das aufgereihte Metallquader, einer überdimensionalen Panzerkette gleich, anschließen. Die Panzer mussten hier erst einmal den in der Heide gesammelten Sand und Schlamm „abschütteln" und ein kurzes Bad durchlaufen, bevor sie die gegenüberliegende Kaserneneinfahrt passierten.

Das Erstaunliche an dieser – bei ihrem Bau zerstörerischen, und angesichts der im Verlauf ihres Betriebs eingebrachten Ölrückstände – nicht gerade umweltverträglichen **Panzerwaschanlage** ist, dass sie durch einige seltene Arten angenommen worden ist. Hier beobachtet man nicht nur die größtmögliche Anzahl von Teichfröschen *Rana lessonae*, sondern auch die in Nordrhein-Westfalen stark gefährdete Gesellschaft des **Südlichen Wasserschlauchs** *Utricularietum australis*. Drei Arten der Gattung Utricularia, allesamt wurzellose und „fleischfressende" Unterwasserpflanzen, kommen in der Wahner Heide vor. Der Südliche Wasserschlauch ist normalerweise spezialisiert auf flache Gewässer mit sandigem Boden. Diese besiedelt er in der Wahner Heide hauptsächlich, fand aber auch in dieser Waschanlage ein zusätzliches Habitat.

Diese sandigen, meist nährstoffarmen flachen Kleingewässer, die nach dem Verursacherprinzip „**Panzertümpel**" genannt werden, liegen gehäuft auf dem folgenden Kilometer

Kulturfolger der Panzertrasse: Die Knorpelmiere

Foto: Werner Funken

des Wanderwegs, allerdings häufig ohne Wasserschläuche. Denn im Gegensatz zur Panzerwaschanlage trocknen die meisten dieser Temporär-, also nur zeitweise Wasser führenden Gewässer im Sommerhalbjahr mindestens einmal aus. Das fördert andere, an diese extremen Verhältnisse angepasste Pflanzen- und Tiergemeinschaften, die aber nicht weniger selten sind.

Zu ihnen zählt die gefährdete **Knorpelmieren-Gesellschaft** mit dem Namen gebenden Nelkengewächs *Illecebrum verticillatum*, das aus Stengelbruchstücken neue Pflanzen bilden kann, der Roten Schuppenmiere *Spergularia rubra*, der Krötenbinse *Juncus bufonius* und dem Sumpf-Ruhrkraut *Gnaphalium uliginosum*. Sie alle sind Pionierarten offener feuchter Sandböden, die von Natur aus zeitweise überschwemmte Ufer besiedeln. Dieser natürliche Lebensraum ist aber heute noch seltener als ihr Zweitlebensraum, die **Panzerpiste** der Truppenübungsplätze. Tatsächlich ist der Wanderweg im Hühnerbruch in der zweiten Hälfte des 20. Jahrhunderts als Panzerpiste entstanden und genutzt worden.

So kann man die Knorpelmiere – auch wenn dies im ersten Moment verrückt klingen mag – als Kulturfolger der Panzernutzung bezeichnen. Wird der Rohboden nicht immer mal wieder an verschiedenen Stellen geöffnet, wird zum Beispiel die Knorpelmieren-Gesellschaft im Hühnerbruch aussterben. Möglicherweise wird der Huftritt der Weidetiere die Panzerketten zukünftig ersetzen können. Auch die Erosion insbesondere nach starken Regenfällen fördert die Entstehung offener Böden, aber vielleicht wird das für einige nicht reichen. So wird bei nahezu jeder Exkursion aufs Neue von unvoreingenommenen Teilnehmern die ketzerische und nicht ganz ernst gemeinte Idee geboren, einen „**Ausflugspanzer**" mit Besucherplattform anzuschaffen, mit dem man – natürlich auf streng festgelegten Routen und zu stark eingegrenzten Zeiten im Winterhalbjahr – alte Panzertrassen befährt. Dabei ließe sich nicht nur Biotopoptimierung be-, sondern gleichzeitig auch einiges an Eintrittsgeldern für den Landschaftsschutz eintreiben; vom militärisch-musealen Aspekt ganz zu schweigen. Vielleicht bedarf es auch im Naturschutz manchmal eher unkonventioneller Ideen und weniger fest gefahrener Denkweisen.

In jedem Falle muss man sich in der Wahner Heide, im Hühnerbruch im Besonderen, von der Vorstellung verabschieden, man dürfe grundsätzlich nicht auf gefährdete Arten treten. Unser Wanderweg ist ein mal nasser, dann wieder extrem trockener Ersatzlebensraum für zahlreiche Arten der Roten Liste. Sie sind davon abhängig, dass diese Piste weiterhin genutzt und der Boden stellenweise immer wieder geöffnet wird.

Macht Jagd auf die zahlreichen Grünfrösche: Die Ringelnatter Foto: Holger Sticht

Vermehrt sich in austrocknenden Tümpeln: Die Kreuzkröte Foto: Holger Sticht

In schlammigeren und damit nährstoffreicheren Tümpeln und Pfützen geht die Knorpelmierengesellschaft eine andere Pflanzengesellschaft über, in der **Schlammling** *Limosella aquatica* und der Sumpfquendel *Peplis portula* vorherrschen.

Einzig und allein am **Sumpfquendel** ernährt und vermehrt sich der Schwarzschenklige Zwergstirnaugen-Rüssler *Nanophyes globulus,* eine winzig kleine Rüsselkäferart. Ein Vorteil solch einer extremen Spezialisierung ist die geringe Konkurrenz, ein Nachteil ist die fehlende Anpassungsfähigkeit bei sich ändernden Umweltbedingungen. Und so ist der kleine Rüsselkäfer heute in seinem Bestand bundesweit stark gefährdet.

Landesweit gefährdet, im Hühnerbruch häufig: Der Sumpfquendel Foto: Werner Funken

Gerade die Lebensräume, die dem Unkundigen am unwirtlichsten erscheinen, sind Laichgewässer großer Amphibienpopulationen.

Belgische Panzer 1992

Foto: Holger Sticht

Die bundesweit gefährdete **Kreuzkröte** *Bufo calamita* ist als ursprüngliches Steppentier angewiesen auf vegetationsarme oder -lose Kleingewässer. Mit ihrer Nachkommenschaft von etwa 1.000 Eiern pro Jahr und ihrer langen Laichzeit sind sie an das Austrocknen der Tümpel – und damit auch an die Verluste durch Fahrzeugübungen – angepasst. Ihre größte Gefahr droht ihnen durch gut gemeinte, jedoch folgenschwere „Hilfe" von Menschen, die meinen, sie müssten die Tiere oder ihre Kaulquappen aus ihren Laichgewässern „retten" und woanders – womöglich im eigenen, meist vollkommen ungeeigneten Garten – aussetzen. Wer einmal so eine „gute Tat" beobachten sollte, möge bitte auf die Naturschutzverordnungen hinweisen und den „Wohltäter" fragen, warum gerade hier so viele Amphibien vorkommen.

Ähnliches gilt auch für den **Echten Kiemenfuß** *Branchipus schaefferi*. Diesem kleinen Krebs, der wie ein U-Boot durch den Tümpel gleitet, hilft jeder Rettungsversuch nicht, denn er überlebt in dauerhaften Gewässern nicht lange. Seine Strategie besteht unter anderem darin, sich in Tümpeln schneller fortzupflanzen als räuberisch lebende Insekten. Trocknet der Tümpel aus, stirbt die Elterngeneration, doch die Eier können Jahrzehnte der Trockenheit überdauern. Branchipus, durch die Bundesartenschutzverordnung streng geschützt, galt in Nordrhein-Westfalen als ausgestorben, als er in der Wahner Heide 1990 wieder entdeckt wurde.

Einer der besten Flieger der Heideterrasse: Die Blutrote Heidelibelle

Foto: Jörg Kammel

Die Larven der Heidelibellen, zum Beispiel der **Blutroten Heidelibelle** *Sympetrum sanguineum* sind es, die dem Branchipus auf Dauer gefährlich werden können. Die Art überwintert als Ei, lebt als Larve bis in den Sommer hinein im Tümpel und schlüpft dann als fertige Libelle. Die Flugzeit reicht von Juni/Juli bis Oktober, danach geht das Spiel von vorne los. Die Entwicklungszeit der Larven von vier Monaten ist in Anpassung an das Austrocknen des Gewässers sehr kurz.

Benannt ist der **Hühnerbruch** nach dem Birkhuhn. Von dieser in Deutschland inzwischen vom Aussterben bedrohten Rauhfußhuhnart, bei der die Männchen immerhin eine Länge von 55 cm erreichen, waren in den 30er Jahren des 20. Jahrhunderts noch über 100 balzende Hähne festgestellt worden. Seit dem Bau des Zivilflughafens Ende der 50er ist dieser charakteristische Moor- und Heidebewohner verschwunden.

Vom **Sicherheitsstand** Nr. 8, der freien, kiesigen Plattform mit dem pflastersteingroßen Gipfelpunkt, hat man die beste Übersicht über den heute überwiegend mit Birken-Sekundärwald bestandenen Hühnerbruch. Das preußische Militär hat hier Anfang der 1890iger Jahre auf einem bestehenden natürlichen Tertiärhügel noch einige Meter Kies aufgeschüttet, um Manöver besser beobachten zu können.

Während der Hühnerbruch von der preußischen Armee bis 1918 als Zielgebiet für Artillerie-Schießübungen genutzt wurde, übte das belgische Militär hier rund 50 Jahre lang bis 2002 mit Panzern.

Die eine oder andere **Heidelerche** *Lullula arborea* scheucht man gezwungenermaßen auf, wenn man einen Wanderweg über die offene Heide wählt. Die in ganz Mitteleuropa gefährdeten, in der Heide aber mit etwa 60 Revieren gut vertretenen Vögel sind daran gewöhnt. Sie halten sich, der besseren Tarnung und Übersicht wegen, auch am liebsten auf den offenen

Sandwegen auf. Wohl tönend fliegen die beiden Lerchen auf, um sich hinter uns wieder auf dem Weg niederzulassen.

Im Hühnerbruch werden die ehemaligen Panzertrassen durch unzählige matt weiße Kiesel hell erleuchtet. Die Böden der zentralen und südlichen Wahner Heide sind geprägt durch diese 17 bis 27 Millionen Jahre alten, aus den tertiären Epochen des Oligozän und **Miozän** stammenden Ablagerungen. Während der Meeresvorstöße, die den heutigen Rand der Kölner Bucht phasenweise überfluteten, wurden Tone, Sande und eben diese Kiese abgelagert. Die tropischen Schachtelhalmwälder von damals sind die **Braunkohleflöze** von heute, und die sind früher bei Panzerübungen bisweilen zu Tage gefördert worden. Im 19. Jahrhundert wurden die Bodenschätze gezielt, wenn auch sehr kleinflächig abgebaut.

Das mit Birken bewaldete Gelände, das kurz vor der Rechtskurve zur Tongrube auf der rechten Seite erkennbar wird, wurde bisher nicht in die Maßnahmen zur Wiederherstellung der Offenlandbiotope einbezogen. Es ist die **Eisensteins Grube**, nicht benannt nach ihrem Betreiber, sondern nach den Lagerstätten, den Raseneisenstein-Vorkommen, die hier im 19. Jahrhundert ausgebeutet wurden.

Seit 1857 hatte ein konsolidiertes **Bergwerk** „Wahner Heide“ Bestand, in dessen Einzugsgebiet die Bergwerksrechte für 55 Braunkohlen-, Eisen- und Manganerzgruben vergeben wurden. Es waren alles sehr kleinflächige Tagebaue, die zum Teil heute noch im Gelände zu erkennen sind. Viele Abbaurechte wurden aber gar nicht erst wahr genommen, und angesichts der heute unrentablen Vorkommen – die Braunkohleflöze sind hier im Vergleich zur linken Rheinseite sehr geringmächtig – und der Naturschutzauflagen werden sie auch nicht mehr wahrgenommen werden können.

Auf dem Wanderweg tritt der helle **Tertiärton**, der seit Jahrhunderten das Objekt menschlicher Begierde ist, noch gut sichtbar zu Tage. Im 20. Jahrhundert erreichte die Ausbeutung nie gekannte Ausmaße und markierte den Start einer Zerstörungswelle, die ihres Gleichen sucht. Nur die Versiegelung durch die in den 1960/70er Jahre geplante dritte Parallelbahn hätte dem ganzen noch die Krone aufsetzen können.

Am 21. November 1968, als die erste Naturschutzverordnung für die Wahner Heide der Nachkriegszeit in Kraft trat,

hist. Foto: Tagebau in den 1920ern

Archiv: Matthias Dederichs

gr. Foto: Die Altenrather Tongrube 1987

Foto: Holger Sticht

unterzeichnete ein Siegburger Tiefbauunternehmer mit dem Bundesforstamt Wahnerheide einen Vertrag über den Abbau von Ton am **Roonhügel**. Mit der Abgrabung wurde unverzüglich begonnen, mehrere Teilmoore und Feuchtheiden dadurch zerstört. Dies war gleich doppelt unzulässig, denn laut Truppenstatuten durften die belgischen Streitkräfte, die nach eigener Aussage als Gegenleistung von diesem Bauunternehmer eine Panzerpiste gebaut bekamen, keinen kommerziellen Abbau von Bodenschätzen betreiben. Auch aufgrund massiver Bürgerproteste – allein in Troisdorf wurden 10.000 Unterschriften gegen den Abbau gesammelt – wurde der illegale Betrieb nach 14 Jahren (!) eingestellt.

Doch damit war es noch nicht getan. Seltene Arten hatten die **Tongrube** schnell wieder erobert. So zerstörten die nachfolgende Verkippung mit Bauschutt und die Rekultivierungen des Bundesforstamts mit standortfremden Gehölzen wie der Grauerle *Alnus incana* unter anderem das Massenvorkommen des vom Aussterben bedrohten **Fadenenzians** *Cicendia filiformis*.

Wenigstens der Teich konnte durch eine Besetzungsaktion der **Aktionsgemeinschaft „Rettet die Wahner Heide"** – unter der Führung des damaligen RBN-Vorsitzenden Josef Meegers hatten sich Bürger und mehr als 30 Verbände zusammengeschlossen – bewahrt werden. Doch das Gewässer zog fortan immer mehr Badelustige an, und damit eine Konkurrenz zu den hier inzwischen siedelnden seltenen Wasservogelarten Wasserralle *Rallus aquaticus* und **Zwergtaucher** *Tachybaptus ruficollis*.

Durch Verbotsschilder, eine provisorische Umzäunung und häufigere Kontrollen, auch aufgrund der natürlichen Entwicklung von Röhrichten, Schwimmblatt- und Unterwasservegetation ließ die Erholungsnutzung nach, doch der

Zwergtaucher verschwand wenige Jahre später trotzdem. Denn unter anderem im Mai, mitten in der Brutzeit, führten Jäger und Förster alljährlich **Jagdhundeausbildungen** an dem Teich durch, bei welchen zahlreiche Hunde und Menschen kreuz und quer durchs Röhricht stapften. 2004 sollen diese Ausbildungen eingestellt worden sein.

Dort, wo kein Bauschutt abgelagert oder dieser mit dem standörtlichen Ton abgedeckt wurde, entwickeln sich aufgrund des sehr kleinräumigen Wechsels von Feucht- und Trockenstandorten Vertreter unterschiedlicher, kaum trennbarer Pflanzengesellschaften, vor allem von **Feuchtheiden**. Arten der Borstgrasrasen, der Zwischenmoore und der Sandheiden wechseln wild mit einander ab, die beiden Zwergsträucher Erica und Calluna stehen unmittelbar nebeneinander, Schild-Ehrenpreis *Veronica scutellata*, Blutwurz *Potentilla erecta* und Englischer Ginster *Genista anglica* wachsen am Wegesrand.

Stark gefährdete Art der Feuchtheiden: Die Sumpfschrecke

Foto: Frank Täufer

Der Wanderweg geleitet uns aus der Grube heraus und überwindet die Anhöhe der ehemaligen „**Panzerautobahn**". Langsam aber sicher wird diese früher regelmäßig befahrene Verbindungstrasse zwischen den beiden belgischen Kasernen Camp Altenrath und Camp Spich durch ein zusammenhängendes Grün erobert. Was uns spontan versöhnlich stimmt

Charakterart der Feuchtheiden und Heidemoore: Die Erica

Foto: M. Schwenke

Bunte Artenvielfalt in einem subtropischen Sommer 2003: Heidenelken-Sandtrockenrasen

Foto: Werner Funken

– symbolisiert es doch das Ende des Kalten Krieges und die Wiederkehr der Natur – könnte in naher Zukunft zur Verdrängung der einen oder anderen Rote-Liste-Art führen.

Wenn man aus dem Waldstreifen heraustritt, steht man auf den Altenrather Wiesen, dem ehemaligen Altenrather Ortsteil „**Sand**". Unmittelbar an der Alten Kölner Straße findet man noch wenige Fundamentreste der ehemals über 50 Fachwerkhäuser, die 1914/15 der Truppenübungsplatzerweiterung weichen mussten.

Auf den einstigen Äckern, Viehweiden und Bauerngärten der Sander ist eine vom Aussterben bedrohte Pflanzengesellschaft erhalten geblieben: Der **Heidenelken-Sandtrockenrasen**. Er entwickelt sich auf besser basenversorgten Sandböden mit geringer Humusauflage. Extensive Beweidung und eine einschürige (einmal jährlich stattfindende) Mahd sollen den Rasen heute fördern.

Beim Heidenelken-Sandtrockenrasen kann man die Artenvielfalt so sehr wie bei kaum einer anderen Pflanzengesellschaft sehen, denn alle Bewohner bilden vor allem im Hochsommer und insbesondere in niederschlagsarmen Sommern wie 2003 ein unvergesslich buntes Farbenmeer.

Bezeichnende Pflanzenarten dieser Gesellschaft sind neben der leuchtend violett blühenden **Heidenelke** *Dianthus deltoides* zum Beispiel auch der Feld-Thymian *Thymus pulegioides*, den die Heidebauern früher ebenso genutzt haben wie das Echte Labkraut *Galium verum*, das als einzige Art der Gattung nicht weiß, sondern gelb blüht. Es wurde früher zur Käseherstellung verwandt, weil es – daher auch der Name – ein Labenzym enthält. Heute laben sich vor allem die Larven des **Tatzenkäfers** *Timarcha tenebricosa*, mit 2 cm Länge der

Magerrasen mit Kuckucksstendel

Foto: Dr. Michael Luwe

größte deutsche Blattkäfer, daran. Bei Gefahr würgt er einen orangefarbigen Safttropfen hervor. Eine recht unkonventionelle Art mitzuteilen: Macht besser einen größeren Bogen um mich!

Eine Färbung der Wiese in ein dunkleres Rot verursachen im Hochsommer die zahllosen Samenstände des Kleinen Ampfers *Rumex acetosella*, der Futterpflanze des **Ampfer-Grünwidderchens** *Procris statices*.

Einige wenige Meter entlang der Alten Kölner Straße und der Flughafenstraße, und auf der Feldflur Altenraths bekommt man wieder weichen Boden unter die Füße. Schon von weitem

Bundesweit gefährdet, trotz ausgefallener Abwehrstrategie: Der Tatzenkäfer

Foto: Werner Funken

Eine Rote-Liste-Art auf der anderen: Ampfer-Grünwidderchen auf Berg-Sandglöckchen

Foto: Werner Funken

ist das Wäldchen auf der Anhöhe zu erkennen, das heute die **Grube Versöhnung** markiert.

In zwei kurzen Betriebsperioden, von 1853 bis 1858 und von 1867 bis 1869 sind hier **Bleierz**, Zinkblende, Kupfererz und Nickelerz unter Tage abgebaut worden.

Zu jener Zeit stiegen die Bergleute in Lederkleidung an Leitern in die tiefen Schächte. Die Förderung des Gesteins erfolgte mit Eimern, die über eine – durch Menschen- oder Pferdekraft betätigte – Haspel (Förderwelle) hochgezogen wurden.

Im Jahre 1868 waren auf der Grube Versöhnung 66 Arbeiter beschäftigt. Der Grubenbetrieb machte sich auch an dem damaligen Bevölkerungswachstum Altenraths bemerkbar.

Unter anderem wegen häufiger Wassereinbrüche und der Konkurrenz zur größeren Grube am Lüderich (bei Rösrath-Hoffnungsthal) rentierte sich der Bergbau hier nicht mehr und wurde 1869 eingestellt. Die Grubengebäude wurden allerdings noch durch Nachfolger weiter genutzt und erst 1915, als der preußische Staat die Fläche aufkaufte, abgerissen.

Blick von Krämers Heide auf Sand 1990

Foto: Holger Sticht

Heute sind nur noch die Halden des zu Tage geförderten Gesteins, die zugeschütteten Schächte und die Grundmauern eines Ziegelgebäudes erkennbar.

Auf Höhe des Altenrather „Gipfelkreuzes“ bietet sich einem der schönste Blick auf die in der Senke eingebettete Siedlung.

Eine Aussicht wie zu Rademachers Zeiten: Altenrath im Hochsommer

Foto: Werner Funken

Die Kirchturmspitzen Sankt Georgs und das geschieferte alte Pfarrhaus ragen hinter den Äckern und Wiesen hervor.

Hier wird immer noch **Landwirtschaft**, also keine in erster Linie naturschutzfachlich motivierte Landschaftsnutzung betrieben, und das ist grundsätzlich gut so. Zumindest dann, wenn die konventionelle Landwirtschaft an die ökologischen Erfordernisse in der Wahner Heide erfolgreich angepasst werden kann. Denn der Landwirt besitzt – im Gegensatz zu den Heidebauern früher – heute die technischen und chemischen Möglichkeiten, die Landschaft auf Kosten anderer Lebewesen – und letztlich auch auf Kosten des Menschen – auszubeuten.

Um die Wahner Heide herum lässt sich die artenarme Agrarlandschaft überall in Augenschein nehmen, hier aber blühen noch zahlreich seltene **Ackerwildkräuter**. Sie sind darauf angewiesen, dass der Boden regelmäßig umgebrochen wird. Eine zu häufige Mahd, starker Einsatz von Dünger oder Pflanzenschutzmitteln auf diesen sandigen **Lehmäckern** würde die Ackerfrauenmantel-Kamillen-Gesellschaft mit der Kornblume *Centaurea cyanus*, aber auch andere gefährdete Ackerwildkräuter verdrängen.

Das Pflücken der Blüten ist nicht gestattet, weil es schlicht und ergreifend die Fortpflanzung der häufig einjährigen Pflanzenarten unterbindet. Erfreuen wir uns lieber an den lebenden Pflanzen und tragen damit dazu bei, dass noch andere Menschen und Generationen etwas davon haben. So etwas Ähnliches wird sich sicher auch der berühmteste Sohn des Heidedorfes, **Dr. Carl Rademacher**, gedacht haben, als er 1885 wie folgt ins Schwärmen geriet:

Auf der Heide von Altenrath

Im roten Meer der Heide,
Vom Himmel überblaut,
Der Tannen Grün zur Seite,
Mein Herz die Heimat schaut.

Hell schimmerts durch die Zweige –
Die Häuslein sind`s versteckt –
Draus, eine spitz`ge Nadel,
Der Kirchturm hoch sich reckt.

Hier ruh` ich, und ich raste,
Die Seele heimatheil,
Von Wald und Dorf und Heide
Ward sie mir ja ein Teil.

Hier lebte meine Seele
Am Herzen der Natur,
Hier fühlte sie des Ew' gen
Geheimnisvolle Spur.

Hier ging ich mit dir, Liebste,
Glückselig Hand in Hand,
Brach dir die rote Blüte,
Der Liebe Unterpfand.

Der Trampelpfad bringt uns die Wiese hinunter, schwenkt rechts ein auf den Rademacherweg. Dieser, oder eine kleine Straße weiter das „Rübkamp" führen zum Ausgangspunkt im Ortskern Altenraths zurück.

Stark gefährdeter Bewohner extensiv genutzter Sandäcker: Das Acker-Löwenmäulchen

Foto: Werner Funken

Altenrath • Foto: Holger Sticht

Altenrath-Tour

Rund ums alte Heidedorf

Strecke: 7,7 km

Piktogramm: Kirche

20.03.2017

Unser Ausgangspunkt ist das alte Heidedorf **Altenrath**. Unter dem Namen „Aldenrode“, in etwa gleich bedeutend mit „Alte Rodungsstelle“, wurde es in Urkunden der Erzdiözese Köln erstmalig 1274 erwähnt. Die allererste urkundliche Erwähnung als „Sulsa“ stammt aus dem Jahre 1065.

Der Name lässt es schon erahnen: Die ersten Bewohner waren Bauern, die von Niederwaldwirtschaft, **Viehwirtschaft**, Plaggen- und Schiffelwirtschaft oder Imkerei lebten. Im 17. Jahrhundert erlebte Altenrath eine Töpferepoche, und auch die Industrialisierung machte, wenn auch in bescheidenem Rahmen, vor der Abgeschiedenheit der Heide nicht Halt. Allerdings gab es noch 1910 in 115 Haushalten immerhin 12 Pferde, 187 Rinder, 83 Schweine und 22 Bienenstöcke.

1982 kaufte die Stadt Troisdorf Altenrath mit umgebenden Flächen von der Bundesrepublik ab. Deswegen entwickelten sich Teile des Heidedörfchens ab Mitte der Achtziger zu einer dicht bebauten Neubausiedlung.

Welchen besseren Standort für ein **Informationszentrum Wahner Heide** könnte es geben als dieses, zumindest in

Kleine Idylle in Altenrath: Infozentrum Wahner Heide

Foto: Hartmut Junker

seinem Ortskern bis heute beschauliche Örtchen, von dem über Jahrhunderte hinweg die traditionelle Landwirtschaft und damit die Gestaltung der Landschaft ausgegangen ist.

Dieses Infozentrum Wahner Heide, am 26. Oktober 1996 durch Landesumweltministerin Bärbel Höhn eröffnet, ist wahrlich kein pompöser Gebäudekomplex. Das im traditionellen Stil erbaute Fachwerkhäuschen in dem tausend Quadratmeter großen Schaugarten kommt ohne Strom und Wasser aus. Aber darin liegt natürlich auch der gewisse Charme, welcher im Laufe der Jahre immer mehr Menschen dorthin gelockt hat. Wo sonst als auf dieser anscheinend zeitlosen grünen Insel, die einer Familie der **Altenrather Kannenbäcker** im 17. Jahrhundert als Wohnsitz und Arbeitsstätte diente, könnte man den in der Heide ausgestorbenen Wacholder von Nahem bewundern, mit einem Gläschen Heideblut den Sand von der Lunge spülen und dabei vom alten Lohmarer Werner Funken das Neueste aus der Wahner Heide erfahren.

Die Markierung dieses Altenrather Rundwanderwegs leitet uns die Flughafenstraße hinunter.

Schräg gegenüber dem Infozentrum, an der Ecke zum Rübkamp, fällt ein Gedenkstein mit der Inschrift „**10 Jahre Wiederbesiedlung Altenrath**" ins Auge. Tatsächlich war das Heidedorf durch das nationalsozialistische Regime bis zum 1. Juli 1938, 13 Uhr zwangsgeräumt worden, um es dem wachsenden Truppenübungsplatz einzuverleiben. Etwa 3.000 Menschen hatten – trotz behördlicher Schikane – fünf Tage zuvor an der Prozession von der Altenrather Kirche Sankt Georg nach Sankt Hippolytus in Troisdorf teilgenommen, und demonstrierten damit gewissermaßen den **Altenrather Exodus**.

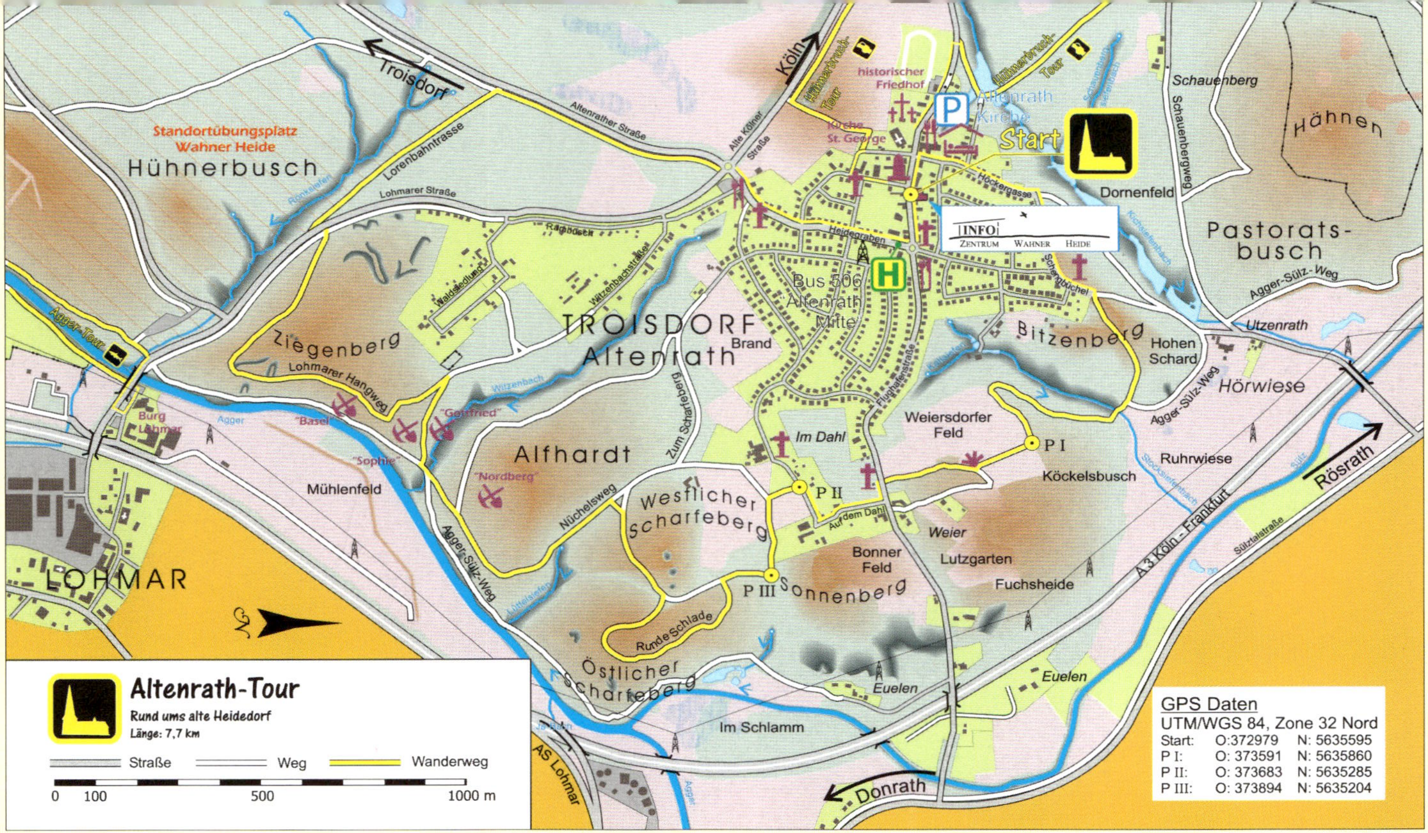
Altenrath-Tour
Rund ums alte Heidedorf
Länge: 7,7 km
Straße
Weg
Wanderweg
0 100 500 1000 m
GPS Daten
UTM/WGS 84, Zone 32 Nord
Start: O:372979 N: 5635595
P I: O: 373591 N: 5635860
P II: O: 373683 N: 5635285
P III: O: 373894 N: 5635204
Start
TROISDORF
Altenrath
Brand
Bus 506 Altenrath Mitte
historischer Friedhof
Kirche St. George
Altenrath Kirche
Hähnen
Pastorats-busch
Schauenberg
Schauenbergweg
Dornenfeld
Höckergasse
Heidegraben
Scheurbüchel
Bitzenberg
Hohen Schard
Hörwiese
Utzenrath
Agger-Sülz-Weg
Ruhrwiese
Köckelsbusch
Weiersdorfer Feld
Im Dahl
Auf dem Dahl
Flughafenstraße
Weier
Lutzgarten
Fuchsheide
Bonner Feld
Sonnenberg
Euelen
Im Schlamm
Donrath
Rösrath
A 3 Köln - Frankfurt
Sülztalstraße
AS Lohmar
Westlicher Scharfeberg
Östlicher Scharfeberg
Runde Schlade
Zum Scharfeberg
Nüchelsweg
Alfhardt
"Nordberg"
"Gottfried"
"Sophie"
"Basel"
Ziegenberg
Lohmarer Hangweg
Witzenbach
Witzenbachstraße
Waldsiedlung
Lohmarer Straße
Lorenbahntrasse
Altenrather Straße
Alte Kölner Straße
Köln
Troisdorf
Hühnerbruch-Tour
Standortübungsplatz Wahner Heide
Hühnerbusch
Agger-Tour
Agger
Burg Lohmar
Mühlenfeld
LOHMAR
INFO Zentrum Wahner Heide

Postkarte mit Motiven von und aus Altenrath, abgestempelt am letzten Tag des Auszuges 1938

Karte: Elisabeth Büscher Archiv Matthias Dederichs

Durch die Ausgabe von Siedlerscheinen, am 9. Mai 1945 von der amerikanische Kommandantur bewilligt, kam es nach dem Zweiten Weltkrieg zur Wiederbesiedlung, wenngleich die meisten Altenrather nicht zurückkehrten. Der Gedenkstein wurde am 3.7.1955 feierlich eingeweiht.

Hinter der Heideklause geht's rechts ab in die Höckergasse. Wo der Wald beginnt, geht es in den Schengbüchel, vorbei an dem Heiligenhäuschen unter den drei Linden und über den **Bitzenberg**. Bevor es hinunter geht ins Stocksiefental passieren wir noch ein älteres Fachwerkhaus.

Während andere Heideortschaften früh ihren ursprünglichen Charakter einbüßten, hatten sich in Altenrath noch einige

Picknick vor der Hofstattmühle, um 1935

Foto: Archiv Matthias Dederichs

alte Gebäude samt der sie umgebenden historischen Kulturlandschaft ins neue Zeitalter hinüber retten können. Dies war auch ein Grund für die beinahe erfolgreiche Bewerbung für den Standort des **Rheinischen Freilichtmuseums** 1958. Der damalige Bundesverteidigungsminister Franz-Josef Strauß hatte ein Jahr zuvor in einem Schreiben an Altenraths Bürgermeister Erich Gärtner schon seinen Segen gegeben, und endlich – nach Jahren der Ungewissheit – den fehlenden Bedarf der Bundeswehr an Altenrath erklärt. Doch der gleichzeitig geplante Bau eines zivilen Großflughafens in der Heide machte diese Chance zunichte. Das Museum entstand in der Eifel bei Kommern.

Alter Grabstein auf dem Kirchhof in Altenrath, im Hintergrund das Pfarrhaus

Foto: Andreas Granitzky

Über das Weierdorfer Feld geht es hoch nach **Weier**, sozusagen zum Dorf im Dorfe. Wie auch Dahl auf der anderen Seite der Flughafenstraße machen sie die gestreute Siedlungsform Altenraths aus. Jeder brauchte schließlich eine gewisse Flächengröße, um sich selbst zu ernähren und darüber hinaus einen gewissen Überschuss für den Verkauf zu erzielen. Von den Streuobstwiesen, die wir in Weier streifen, ist nicht mehr viel übrig geblieben, Äcker und Viehweiden säumen die Siedlungen aber noch ähnlich wie vor hundert Jahren.

Nach Überqueren der Flughafenstraße läuft man durch Dahl, zum **Scharfeberg** geht es anschließend über einen Hohlweg,

Die Runde Schlade

Foto: Andreas Granitzky

der einst zu den Quarzitsandgruben bei Euelen, am Fuße des Sonnenbergs, führte, und der heute im Unwegsamen endet.

Einmal um den östlichen Scharfeberg herum führt die Runde Schlade, die als kleiner Pfad vom breiteren Wanderweg abführt. Dieser kleine Rundweg ermöglicht im Winterhalbjahr den Ausblick auf die 40 Meter tiefere Agger-Sülzmündung. Und ein kleiner Steinbruch direkt am Weg gibt einen Einblick in die Erdgeschichte dieses geologisch ältesten Gebiets der Wahner Heide.

Vor etwa 418 Millionen Jahren, im Erdzeitalter des **Devon**, befand sich die Wahner Heide im Einzugsbereich eines Meeres. Die mächtigen Meeressedimente, die immer wieder abgelagert wurden, verfestigten sich im Laufe der Jahrmillionen zu Gestein.

In einem Zeitraum vor etwa 350 Millionen Jahren falteten sich die devonischen Ablagerungen zu einem Gebirge auf, das wir heute als **Rheinisches Schiefergebirge** kennen. Das Festgestein, das wir hier im Osten der Wahner Heide vorfinden,

Der Witzenbach

Foto: Andreas Granitzky

besteht aus Grauwacken, Sandsteinen und Tonschiefern. Diese, und der aus der Verwitterung dieses Gesteins hervorgegangene Gehängelehm ist hauptsächliches Ausgangsgestein, während dies in der übrigen Wahner Heide tertiäre und quartäre Sedimente sind, also vergleichsweise junge Fluss- und Meeresablagerungen. Die Böden sind daher im Osten mineralreicher als in der übrigen Wahner Heide und bedingen damit eine andere Vegetation.

Auf den devonischen Hügelkuppen ist der **Hainsimsen-Buchenwald** wahrscheinlich die natürliche Pflanzengesellschaft. Aufgrund der Forstwirtschaft mit ihrem Hieb auf solche Bäume, die aufgrund ihres Alters den maximalen Holzgewinn

Eindrücke in der Alfhardt

Foto: Andreas Granitzky

erreicht haben, aber auch aufgrund der Kiefernaufforstungen in der ersten Hälfte des 20. Jahrhunderts ist hier am Scharfeberg ein naturnaher Zustand derzeit nur lückenhaft vorzufinden. Aber die **Stechpalme** oder Hülse *Ilex aquifolium*, dieser immergrüne Strauch mit seinen glänzend ledrigen Blättern, hat die Eingriffe der letzten hundert Jahre gut kompensiert. Der Rundwanderweg führt an einem besonders stattlichen Exemplar vorbei, das die für Stechpalmen typische Blättergestalt aufweist: In Bodennähe sind die Blätter, wahrscheinlich in Anpassung an den Verbiss von großen Pflanzenfressern, dornig gezähnt, in einer Höhe von drei Metern werden sie zunehmend ganzrandig.

Die **Ilex** hat eine rein atlantische Verbreitung, das heißt sie vermag den Winter nur in Westdeutschland und nördlichen Küstengebieten, wo die Durchschnittstemperatur nicht unter die Null-Grad-Grenze fällt, zu überstehen.

Der Rundwanderweg führt hinunter ins Aggertal. Der **Witzenbach** kreuzt den Wanderweg, um in Sichtweite in die Agger zu münden. Sofort geht es wieder den Berg hoch, diesmal den Ziegenberg, und knapp oberhalb dieser Einmündung befindet sich unmittelbar an dem aufwärts führenden Witzenbachweg ein Hanganschnitt. Das ist alles, was äußerlich erkennbar von der **Grube Sophie**, in der Mitte des 19. Jahrhunderts Kupfererz abgebaut wurde, übrig geblieben ist.

An den Sülz- und Aggerabhängen wurden nicht nur Grauwacken für den Häuser- und Mauerbau abgebaut, hier wurden auch die im devonischen Gestein eingeschlossenen Vererzungen gesucht und vielfach ausgebeutet. Außer den bekannten Stollen und Gruben Basel, Nordberg, Gottfried, Kant und eben Sophie gibt es noch zahlreiche namenlose Schürfplätze. Immer wieder mal, auch im Verlauf des noch folgenden Lohmarer Hangweges, „stolpert" man über Gesteinsbrocken, die Erzadern aufweisen.

Ein einziger Pfad kreuzt den **Lohmarer Hangweg** und führt steil talwärts. Dieser Pfad war in der Wanderkarte der Wahner Heide von 1931/32 als Wanderweg ausgewiesen. Heute ist er nicht mehr begehbar; im Gegensatz zum Lohmarer Hangweg, den es aber damals noch nicht gab.

Der Ziegenberghang war früher mit Wacholderheiden bestanden, bis diese Ende des 19. Jahrhunderts bei Durch- und Aufforstungen der preußischen Förster vor allem Kiefern Platz machen mussten.

Ludwigshütte von 1878, 1917 abgebrochen

Foto: Carl Rademacher

Ortsteil Rambusch

Foto: Holger Sticht

Das Gebiet des **Ziegenbergs** beherbergt sehr alte menschliche Besiedlungsnachweise, besonders aus der Jüngeren Altsteinzeit (35.000 – 8.000 v. Chr.), als der Mensch hier noch Jäger und Sammler war und Jagd machte auf Elch, Wisent und Ur. Durch Ausgrabungen in den Jahren 1932 und 1937 konnte anhand von etwa 400 verschiedenen Steinwerkzeugen aus Quarzit und Feuerstein eine Freilandstation der „Ahrensburger Stielspitzengruppe" nachgewiesen werden. Es ist der bisher südlichste Fundort dieser Steinzeit-Kultur.

Der Rundwanderweg verläuft leicht versetzt auf der anderen Seite der Lohmarer Straße weiter. Durch den **Hühnerbusch** geht es auf einem Weg, den man wegen seines schnurgeraden Verlaufs für einen preußischen Militärweg halten könnte. Tatsächlich aber ist dies die ehemalige Trasse der Lorenbahn, die einst die Ludwigshütte bei Altenrath-Schauenberg mit Lohmar verband.

Ludwig Pastini-Cyrus gründete 1878 die **Ludwigshütte,** eine Schamottstein-Fabrik mit angeschlossenen Ton- und Quarzsandgruben. Ab 1893 transportierte eine Pferdeschleppbahn den Quarzsand und die feuerfesten Steine von der Wahner Heide hinunter in Richtung des Verladebahnhofs in Lohmar. Als 1899 die erste Aggerbrücke in Höhe der Burg Lohmar fertig gestellt wurde, konnte die **Lorenbahn** direkten Weges zum Verladebahnhof verkehren. Und so wurde es auch möglich, dass die Pferde 1906 von einer kleinen Dampflokomotive abgelöst wurden. Doch schon neun Jahre später kam das Aus für die Ludwigshütte und damit auch für die Lorenbahn, weil der preußische Staat seinen Übungsplatz nach Osten ausdehnte.

Parallel zur Altenrather Straße geht es, teilweise auf dem historischen Verlauf des Weges, bergauf ins Heidedorf. Bald kommt zur Rechten der Altenrather Ortsteil **Rambusch** mit seinen markanten, wie an einer Perlenschnur aufgereihten Einfamilienhäusern in Sichtweite.

Die westlichsten Ortsteile Altenraths – Sand, Schauenberg, Krämers Heide, **Boxhohn** mit samt den für die Existenz der Dorfgemeinschaft wichtigen Ländereien und der Ludwigshütte – wurden 1914/15 in den preußischen Schießplatz einbezogen und teilweise geschleift. Die Kanonen erzielten immer größere Reichweiten, und die Bausubstanz vieler Häuser hatte bereits unter den Erschütterungen gelitten. Auch konnte im Rahmen der mit dem Fiskus abgeschlossenen Pachtverträge Viehhütung und andere Landwirtschaft nur außerhalb der jährlich rund vier Monate dauernden Schießübungszeit betrieben werden.

Deswegen hatte der Altenrather Pfarrer Delvos 1908 eine Petition an den Reichstag gestellt, die aber offenbar nicht ganz die erhoffte Wirkung erzielte. Die Bevölkerung wurde zum Teil in den eigens dafür errichteten Ortsteil Rambusch im Süden Altenraths umgesiedelt. Wohl gemerkt unter Androhung der Enteignung.

Existenzielle Bedrohung und das Aufbäumen dagegen war immer ein wesentlicher Bestandteil Altenrather Geschichte. Wie so viele Dörfer während des **30-jährigen Kriegs** (1618–1648) wurde auch Altenrath, trotz seiner Abgeschiedenheit, am 30.10.1632 von schwedischen Truppen heimgesucht. Wer bestialischem Mord, Brandschatzungen und Vergewaltigungen entkommen konnte, flüchtete sich in die unwegsame Heide, und wagte einen Neuanfang, nachdem die ewig nach kostenloser Verpflegung und persönlicher Bereicherung trachtenden Horden von dannen gezogen waren.

Nachdem das Dorf 1938 ja schon einmal geräumt worden war, drohte in den sechziger und siebziger Jahren abermals das Ende, diesmal durch die jeweilige Landesregierung, die

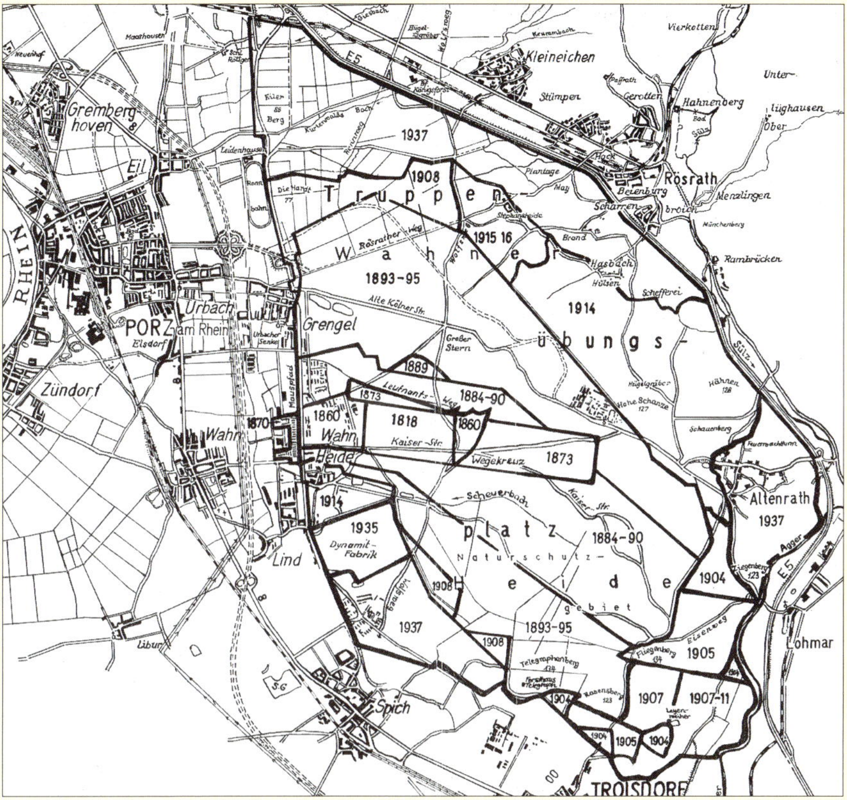

Entwicklung des Truppenübungsplatzes von 1818 bis 1945

E. Plewigs, K. Golenia, Heimat- und Geschichtsverein rechtsrheinisches Köln

Kreuzers Haus auf dem Sand, 1917 abgebrochen

Foto: Carl Rademacher

den Bau einer dritten Parallelbahn und einer zweiten Querwindbahn für den Flughafen Köln/Bonn wollte. **„Altenrath muß sterben!“**, war die Schlagzeile der Bild-Zeitung am 10. Dezember 1965.

Etwa 17 Jahre lang ließ man die Altenrather im Unklaren über ihre Zukunft und auf ihrer Siedlerscheinbasis sitzen, bis der damalige Landesverkehrsminister Riemer 1977 Abstand von der Flughafenplanung nahm. Erst danach war der Weg frei für die Reprivatisierung des Heidedorfes, die Stadt Troisdorf konnte nun vom Bund Teile Altenraths erwerben. Josef Allexi war der erste, der am 28. April 1983 sein Haus und Grundstück am Schengbüchel kaufen konnte.

Wie drückte das noch der alte Hasbacher Käding in dem 2002 erschienenen Bildband über die Wahner Heide aus: "...alle zwanzig Jahre ist irgendein Trottel gekommen und wollte diesen Flughafen puschen und einen Mega-Flughafen daraus machen. Das ist jedes Mal in die Hose gegangen."

Die Altenrather Straße wird in der Ortschaft zum **Heidegraben**, und hinter dem Jägerhof fällt unser Blick auf eines der neun Heiligenhäuschen des Heidedorfes. Das Wegekreuz des Heidegrabens ist 1773 vom frommen Egidius Rübkamp gestiftet worden. Er oder seine Vorfahren hatten sich, wie damals üblich, nach ihrem Geburts- bzw. Wohnort benannt. Am **Rübkamp** startete die Altenrath-Tour, und dort endet sie auch, nachdem wir am Kreisel des Ortskerns links abgebogen sind.

Heiligenhäuschen von 1773

Foto: Andreas Granitzky

Aggeraue bei Troisdorf • Foto: Holger Sticht

07.11.2010

AGGERAUEN-TOUR

Wo der Fluss sich wieder windet

Strecke:
9,3 km

Piktogramm:
Fisch

Der Wanderweg unmittelbar entlang der Agger kann im Winter und im Frühjahr für einige Wochen überflutet sein. Doch der Hochwasserdamm bietet immer eine bequeme und schnellere, wenn auch nicht ganz so interessante Alternative.

Im Volksmund hieß die **Agger** ursprünglich „Acher" oder „Aacher", als Bezeichnung für Wasser. Daraus hat sich im Laufe der Jahrhunderte der heutige Name herausgebildet.

Die Agger entspringt bei Meinerzhagen im Oberbergischen auf etwa 400 Metern Höhe, fließt südlich Troisdorfs in die Sieg, die wiederum nach wenigen Kilometern in den Rhein mündet.

16 heimische **Fischarten** sind von diesem Abschnitt der Agger bekannt, darunter der Aal *Anguilla anguilla* und die landesweit als gefährdet geltenden Bachforelle *Salmo trutta* und Barbe *Barbus barbus*. Eine ausgestorbene Fischart soll im Zuge des Wanderfischprogramms des Landesumweltministeriums auch im Aggersystem (inklusive den Zuflüssen Sülz, Naafbach, Leppe und Wiehl) wieder dauerhaft angesiedelt

Gefährdete Fischart des Aggerunterlaufs: Die Barbe

Foto: Dieter Prehn

werden: Der Atlantische **Lachs** *Salmo salar*. Probleme bereitet dabei nicht mehr so sehr die im Vergleich zur Mitte des 20. Jahrhunderts stark gesunkene Abwasserbelastung, sondern die Verbauung unserer Flüsse. Die Wanderfischarten erreichen ihre ursprünglichen Laichgebiete kaum noch. Und diese ehemaligen Laichgebiete sind durch Eindeichung und Begradigung heute so strukturarm, dass sie sich nur noch bedingt zur Fortpflanzung eignen.

Der Rundwanderweg führt durch Reste eines **Weidenauenwaldes** mit einigen hundertjährigen Bruchweiden *Salix fragilis*. Sie erinnern an die Zeit, als die Agger hier noch unverbaut war.

Auwälder sind periodisch vernässte Wälder mit typischen, den stark schwankenden Feuchtigkeitsverhältnissen angepassten Pflanzengesellschaften. Hierbei kann man unterscheiden zwischen den flussnahen Weichholzauwäldern und den grundwasserferneren Hartholzauen.

Am unmittelbaren Aggerufer dominierten noch vor der letzten Verbauung in den 1960ern kleine, strauchwüchsige Weidenarten wie **Korbweide** *Salix viminalis* und Mandelblättrige Weide *Salix triandra*, die heute nur noch vereinzelt, insbesondere an den Altarmen zu finden sind. An diese schlossen sich – ebenso lang anhaltend überflutet, aber der Strömung nicht so stark ausgesetzt – großwüchsige Weidenarten wie Bruchweide und Silberweide Salix alba an.

Der Name der Korbweide lässt sich auf ihre Verwendung in der Korbflechterei zurückführen. Ihre Zweige sind im

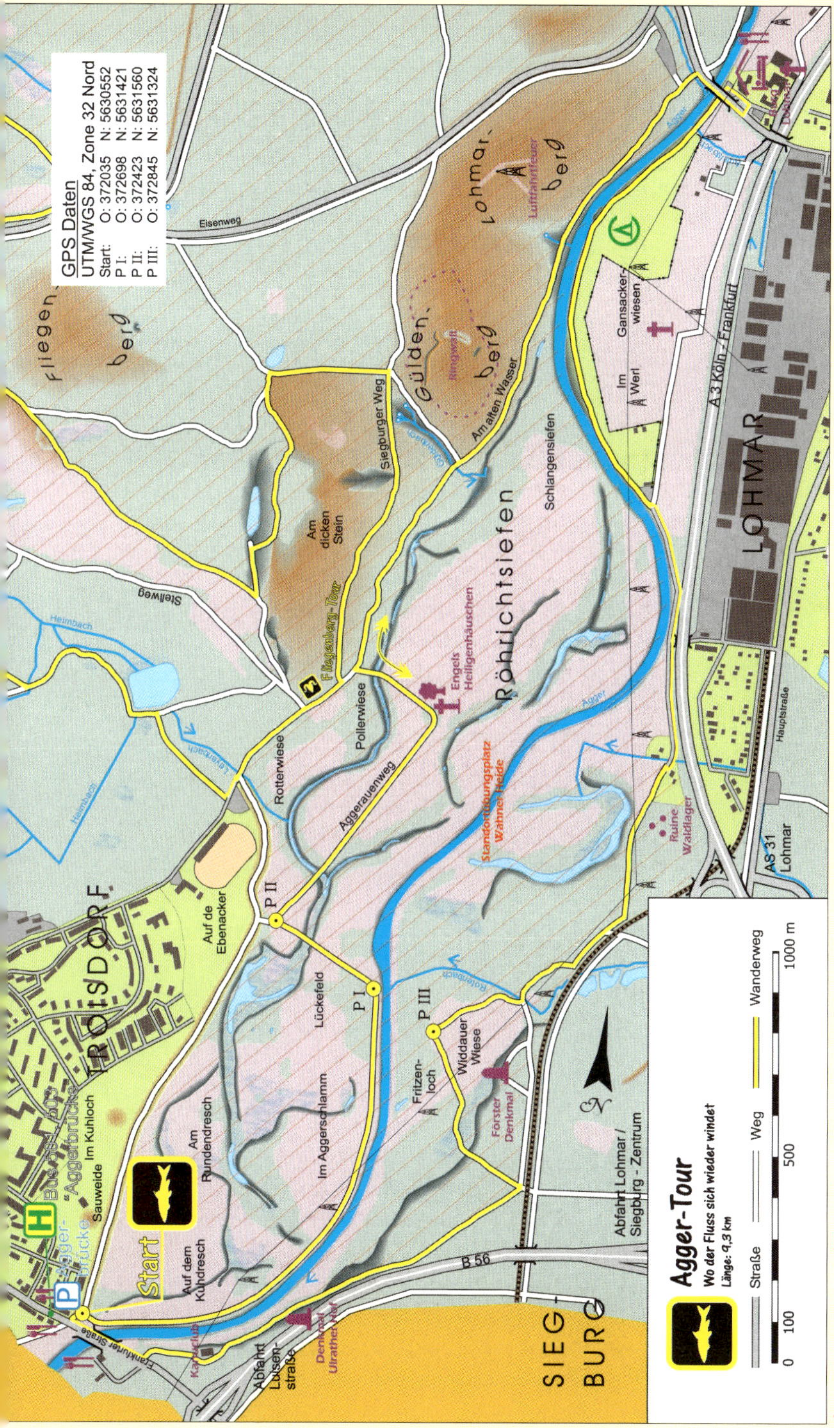

GPS Daten
UTM/WGS 84, Zone 32 Nord
Start: O: 372035 N: 5630552
P I: O: 372698 N: 5631421
P II: O: 372423 N: 5631560
P III: O: 372845 N: 5631324
Agger-Tour
Wo der Fluss sich wieder windet
Länge: 9,3 km
Straße
Weg
Wanderweg
0 100 500 1000 m
TROISDORF
LOHMAR
SIEGBURG
Start
P I
P II
P III
Agger-brücke
Bushaltestelle "Aggerbrücke"
Sauweide
Im Kuhloch
Auf dem Kuhdresch
Am Rundendresch
Im Aggerschlamm
Lückefeld
Auf de Ebenacker
Rotterwiese
Pollerwiese
Aggerauenweg
Röhrichtsiefen
Schlangensiefen
Engels Heiligenhäuschen
Standortübungsplatz Wahner Heide
Ruine Waldlager
Fritzen-loch
Widdauer Wiese
Förster Denkmal
Denkmal Ulrathermühle
Kanuclub
Abfahrt Luisen-straße
Frankfurter Straße
B 56
Abfahrt Lohmar / Siegburg - Zentrum
AS 31 Lohmar
A 3 Köln - Frankfurt
Hauptstraße
Im Werl
Gansacker-wiesen
Am alten Wasser
Gülden-berg
Ringwall
Lohmar-berg
Luftfahrtfeuer
Fliegen-berg
Am dicken Stein
Siegburger Weg
Stellweg
Eisenweg
Fliegenberg-Tour
Heimbach
Lenzbach
Rotenbach
Agger

Bruchweide

Foto: Stefan Pütz

Vergleich zum Beispiel zur Bruchweide sehr flexibel. Auf dem Weg durch die Aggeraue fallen immer wieder Kopfweiden auf, die einst „auf den Stock" gesetzt wurden, um den jungen Stockausschlag, die mehrjährigen Weidenruten, ernten und verwenden zu können.

Der Weidenauwald ist der ursprüngliche Lebensraum der **Großen Brennessel** *Urtica dioica*, ein Stickstoffzeiger, der durch die menschliche Nutzung weit verbreitet worden und als Garten-„Unkraut" bisweilen verschrien ist. Dabei ist sie so vielseitig verwendbar: Als Spinat, Mittel gegen Blattlausbefall, als Düngemittel, und nebenbei ist die Große Brennessel noch Futterpflanze für zwölf verschiedene Schmetterlingsarten, zum Beispiel für den **Kleinen Fuchs** *Aglais urticae* und das Tagpfauenauge *Inachis io*. Mehr geht eigentlich nicht.

Die weitläufig gehölzarmen, offenen **Fettwiesen** der Aue sind das Ergebnis Jahrhunderte währender Landwirtschaft. Die natürliche Flussdynamik würde zwar jedes Jahr aufs Neue offene Flächen schaffen, sie würde aber sicher nicht zu diesem parkartig gegliederten Landschaftsbild mit der dicht geschlossenen Grasnarbe führen. Ab etwa 1.000 v. Chr. führten Volksstämme aus Südosteuropa die eiserne Pflugschar bei uns ein, mit der fortan die im Vergleich zu den sandigen Böden der Mittelterrasse sehr ertragreichen, jedoch schweren und nassen Böden der Niederterrassen bearbeitet werden konnten.

Flurnamen wie **Rotterwiese** – sie befindet sich neben dem Aggerstadion – geben auch heute noch Hinweise auf die frühere landwirtschaftliche Nutzung im Gebiet der Aggeraue.

Buntester Heidevogel: Der Eisvogel

Foto: Stefan Günter Ott

In flachen, staunassen Wasserlöchern, den sogenannten Rottekuhlen, hat man die reifen Stängel des in der Heide angebauten Flachses für den Rottevorgang – bei dem sich die begehrten Fasern vom übrigen Gewebe lösten – eingelagert und später zu Leinen verarbeitet. Diese Rottekuhlen wurden nach Möglichkeit weit außerhalb der Siedlungen angelegt, weil der Gestank wohl unerträglich gewesen sein muss. Bis zum Vormarsch der Baumwolle im 19. Jahrhundert war **Flachs** oder Saat-Lein *Linum usitatissimum* in Europa der wichtigste textile Rohstoff nach der Wolle. Durch synthetische Fasern wurde Flachs im 20. Jahrhundert vollends verdrängt, erlebt aber in den letzten Jahren aufgrund seiner vielseitigen Verwendbarkeit eine Renaissance. Die Pflanze stammt ursprünglich aus dem östlichen Mittelmeergebiet, wurde aber bereits seit der Jungsteinzeit in Mitteleuropa angebaut.

Heute dienen die Aggerwiesen Schafherden als Weide. Die nährstoffreichen **Auenlehme** prägen Artengemeinschaften, die sich von solchen der Heideterrasse stark unterscheiden. Heidenelken und Heidekraut sucht man hier auf den Wiesen vergeblich, dafür dominieren hier wenige, aber sehr konkurrenzstarke und nahrhafte Grasarten.

Wo eine Hecke bis ans Flussufer reicht und der Wanderweg von der Agger abzweigt, hat man die Möglichkeit, die natürliche **Entfesselung** der Agger zu besichtigen. Hier beginnt sie, sich aus ihrem vom Menschen ab etwa 1780 aufgezwungenen Verlauf zu befreien. Die Ausbildung von Mäandern, den Flusswindungen mit **Prall- und Gleitufer**, mit Abbruchkanten und Kiesbänken, ist charakteristisch für einen Flachlandfluss, auch

Die Agger zwängt sich aus ihrer Befestigung

Foto: Holger Sticht

wenn bei uns kaum noch einer so aussieht. Leider hat der Mensch die meisten Flüsse dieser Größe begradigt und befestigt. Vogelarten wie die Uferschwalbe *Riparia riparia* und der Flussregenpfeifer *Charadrius dubius*, die auf Kiesbänke bzw. Steilufer angewiesen sind, konnten bei uns nur halbwegs halten, weil sie sich an Kiesgruben als Ersatzlebensraum anpassen konnten. Andere Arten, wie Flussuferläufer *Actitis hypoleucos* oder Zwergseeschwalbe *Sterna albifrons* schafften dies nicht und starben landesweit aus.

Damit diese Arten sich wieder dauerhaft ansiedeln können, müssen Flussabschnitte von Erholungsnutzung vollständig frei gehalten werden. Der **Flussregenpfeifer** nämlich brütet auf den Kiesbänken der Agger, ist aber in der Vergangenheit immer wieder durch rücksichts- oder ahnungslose Ausflügler vertrieben worden. Ähnliches gilt für den Eisvogel *Alcedo atthis* und die Steilufer.

Der Wanderweg führt durch eine bewaldete Senke, einen ehemaligen Altarm der Agger. Kurz bevor man auf das Aggerstadion und den vorgelagerten Deichweg trifft, geht es rechts ab auf den Aggerauenweg.

Schillernder Aggerbewohner: Die Gebänderte Prachtlibelle

Foto: Beat Schneider

Schon von weitem erkennt man die alten, einzeln stehenden **Drei Buchen**, mit dem Güldenberg im Hintergrund. Unter ihnen steht **Engel`s Heiligenhäuschen**. Das kleine, aus dem 18. Jahrhundert stammende und nach den Stiftern benannte Gemäuer stand ursprünglich an der Frankfurter Straße in Troisdorf, wurde aber in der ersten Hälfte des 20. Jahrhunderts hier hin versetzt.

Geradeaus ginge es durch den Röhrichtsiefen, der aber auch zur Aggerauen-Kernzone gehört. So müssen wir hinter den

Drei Buchen links abbiegen und auf den Waldmantel zusteuern. Dabei passieren wir zum eine Aufforstung.

Solche Baumanpflanzungen mögen aus forstwirtschaftlicher Sicht lohnend sein, aus ökologischer Sicht sind sie es nicht. Durch einen solchen Anbau werden mehrere Sukzessionsstadien (Stadien der Vegetationsentwicklung) gewissermaßen „überholt“, ihren Bewohnern der Lebensraum genommen. **Aufforstungen** sind, auch wenn sie im vorliegenden Falle aus mehreren standortgerechten Baumarten bestehen, über Jahrzehnte vergleichsweise artenarm, weil zum Beispiel die Altersstruktur unnatürlich monoton ist. Und so sehen auch die Vorgaben des Landesumweltministeriums für FFH-Gebiete eigentlich vor, der Naturverjüngung, dass heißt, der natürlichen Vermehrung des Waldes, Vorrang einzuräumen.

Wasseramsel im Lebensraum

Foto: Helmut Lammertz

Die drei Buchen vor dem Güldenberg

Foto: Stefan Pütz

Die **Schwarzpappel** *Populus nigra* gehört zu den Baumarten, mit denen in der Aggeraue aufgeforstet worden ist. Sie ist wohl bemerkt nicht zu verwechseln mit den Hybridpappeln – Zuchtformen, Kreuzungen mit amerikanischen Arten und Kanadischen Schwarzpappeln – die als Forst- und Parkbäume, zum Beispiel in den Rheinauen Kölns, massenhafte Verwendung fanden. Die natürlichen Bestände sind hier – wie auch im ganzen Land – stark in ihrem Bestand gefährdet. Doch wenn die Verwilderungen der Agger weiterhin zugelassen werden, entsteht auch wieder der Lebensraum der Schwarzpappel. Erst dann kann sie sich wieder entwickeln und dauerhaft etablieren.

Hochwasser in der Hartholzaue

Foto: Holger Sticht

Wir verlassen erst einmal wieder die Aggerniederung, um trockenen Fußes die Auwälder am Güldenberg zu passieren.

Auf dem Radweg „Am alten Wasser" überqueren wir den **Güldenbach** und umrunden den Fuß des Güldenbergs. Dabei erhält man den selten guten Einblick auf naturnahe Auenvegetation mit einem Altarm der Agger. Der Schwarzerlen-Auenwald mit Echtem Springkraut *Impatiens noli-tangere*, Scharbockskraut *Ranunculus ficaria* und Straußfarn *Matteuccia struthiopteris* geht hier fließend in den **Stieleichen-Hainbuchenwald** über, in dem Buschwindröschen *Anemone nemorosa* sowie vereinzelt die Hohe Schlüsselblume *Primula elatior* vorkommen. Die Pflanzen der Krautschicht blühen hier in der Mehrzahl im Frühjahr, bis sich im Mai das Kronendach weitgehend schließt und die Lichtquelle versiegt.

Jedes Aggerdorf hat seine eigene **Aggerbrücke**, und die der Lohmarer markiert den Wendepunkt der Rundwanderung, den Wechsel ins „Rechtsaggerische".

Die erste Lohmarer Aggerbrücke ist 1899 erbaut worden und löste damals den Fährbetrieb ab. Sie wurde in den letzten Kriegstagen 1945 durch die Wehrmacht gesprengt und 15 Jahre später durch die heutige ersetzt.

Die Lorenbahn auf der ersten Aggerbrücke

Foto: Heimat- und Geschichtsverein Lohmar-Ort

links:
Straußfarn neben Echtem Springkraut

Foto:
Holger Sticht

rechts:
Neuentdeckung aus 2001:
Die Gemeine Keiljungfer

Foto:
Werner Funken

Nach Überqueren der Aggerbrücke geht es bei der ersten Gelegenheit links hinunter, vorbei an dem Gasthaus Zur Alten Fähre und unter der Brücke her.

Der folgende Weg durch den **Campingplatz** ist leider unvermeidlich. Aber wen das skurrile Bild zur Linken stört, der kann seine Blicke regelmäßig auf den Fluss zur Rechten richten. Gebirgsstelzen *Motacilla cinerea* sieht man dort oft, manchmal auch die Wasseramsel *Cinclus cinclus*. Die eine oder andere Libelle wechselt von einem Habitat zum nächsten.

Vor wenigen Jahren ist hier eine Libellenart eingewandert, die nie zuvor in der Wahner Heide entdeckt worden war. Die **Gemeine Keiljungfer** *Gomphus vulgatissimus* war 1758, als sie vom schwedischen Naturforscher Carl von Linné erstmalig beschrieben und benannt wurde, „stinknormal". Dies bedeutet in jedem Falle ihr Artname – frei übersetzt. In den 1980er Jahren galt dieser Bewohner sandiger Bäche und Flüsse deutschlandweit als vom Aussterben bedroht, doch in den letzten Jahren hat sie – wohl aufgrund der verbesserten Wasserqualität – einige Flüsse Nordrhein-Westfalens wiederbesiedelt. Ein schönes und anspornendes Beispiel dafür, dass sich mit der Wiederherstellung intakter Lebensräume verschwundene Arten von selbst wieder einstellen können.

Wenn wir den kleinen Weiler passiert haben, lassen wir glücklicherweise auch die Autobahn zurück. Im Wald sieht

1919 erbaut:
Das Waldlager in der Widdau

Foto:
Heimat- und Geschichtsverein Lohmar-Ort

Bewaldete Trasse der ehemaligen Aggertalbahn

Foto: Holger Sticht

man noch die bewaldeten und mit Moos überwachsenen Fundamente mehrerer Gebäude. Es sind Überreste des **Widdauer Waldlagers**.

Vier Wochen nach Ende des Ersten Weltkriegs zogen am 12. Dezember 1918 britische Besatzungstruppen in Lohmar ein. Sie mussten erst einmal in Privatquartieren der Lohmarer Bevölkerung untergebracht werden.

Im Frühjahr 1919 begannen die Bauarbeiten für ein Waldlager hier im Widdauer Wald. Für die verhältnismäßig kleinen, schwarz angestrichenen Baracken wurden frostsichere Streifenfundamente aus Beton gegossen. Etwa 1.000 Soldaten samt Pferden und Fahrzeugen konnten hier in dem fertigen Waldlager untergebracht werden.

Anfang 1920 wurden die Briten von Franzosen abgelöst, da nach dem inzwischen unterzeichneten Versailler Vertrag Frankreich die Besetzung des Kölner Raums übertragen wurde.

Der damalige Lohmarer Bürgermeister Polstorff vermerkte sechs Jahre später in seiner Chronik: „...am 29. Januar 1926 ist der ganze Siegkreis von der fremden Besatzung befreit."

Der Lohmarer Gemeinderat setzte sich nachfolgend für den Abriss des Waldlagers ein, weil man dieses als Zeichen der Unterdrückung durch die Besatzungsmächte empfand.

Der Wanderweg stößt hinter dem ehemaligen Waldlager auf eine Eisenbahntrasse. Die unzähligen Gehölze, die Besitz von den Gleisen ergriffen haben, zeigen, dass hier seit Jahrzehnten kein Zug mehr entlang gerollt ist.

Am 15.10.1884 wurde die eingleisige, 37 km lange Strecke von Siegburg nach Ründeroth eröffnet. Am 22. Mai 1954 fuhr die alte, damals noch mit einer Dampflokomotive betriebene **Aggertalbahn**, die im Volksmund „Luhmerer Grietche" hieß, das letzte Mal auf dieser Strecke.

Wenn der aus den Stallberger Sümpfen kommende Rothenbach überquert ist, öffnet sich die große Lichtung der **Widdauer Wiese**. Sie entstand bei der Einrichtung des Waldlagers; das britische Militär legte hier eine Sportanlage mit einer 500 Meter langen Rundbahn an.

Im Winterhalbjahr geben die Laubbäume den Blick frei auf die Niederterrassenkante der Agger und das dortige **Försterdenkmal**. Dem Oberförster Kleinschmidt wurde dort oben im 19. Jahrhundert ein Denkmal dafür gesetzt, dass er die **Stallberger Sümpfe** trocken legen ließ und damit angeblich das Fleckfieber erfolgreich bekämpfte. Die Sümpfe waren – und sind es heute noch zum Teil – nicht nur Lebensraum zahlreicher seltener Heide- und Moorarten, sondern auch Brutstätte vieler Mücken, die man für die damaligen Fleckfieber-Epidemien verantwortlich machte. Was die Siegburger damals offenbar noch nicht wussten: Das Fleckfieber wird durch Kleiderläuse übertragen, nicht durch Mücken! Ein Symptom der Fleckfiebererkrankung sind übrigens Bewusstseinsstörungen.

Die stark gefährdete Flatterulme, in Buschwindröschen gebettet

Foto: Markus Bathen

Die verbleibende Strecke des Wanderwegs wird wieder durch Auwälder bestimmt. Hier finden sich stellenweise noch Reste einer Waldgesellschaft, die in Nordrhein-Westfalen vom Aussterben bedroht ist: Der **Eichen-Ulmenwald** mit Aronstab *Arum maculatum*, Wald-Goldstern *Gagea lutea*, Waldziest *Stachys sylvatica*, Hopfen *Humulus lupulus*,

Esche *Fraxinus excelsior*, Stieleiche *Quercus robur* und den letzten **Flatterulmen** *Ulmus laevis* dieses Landes. Sie ist vor allem aufgrund der Flussregulierungen selten geworden, nicht wie die anderen beiden Ulmenarten dieses Landes aufgrund des Ulmensterbens. Das Ulmensterben wird durch Schlauchpilzarten hervorgerufen, die durch den Menschen, vermutlich Anfang des 20. Jahrhunderts aus Ostasien, unbemerkt nach Mitteleuropa gelangten.

Wenn der Weg zur Agger zurückführt, finden wir, zwischen Bundesstraße und Wanderweg eingezwängt, ein einzeln stehendes Gemäuer vor. Eine wiederaufgebaute Hauswand des **Ulrather Hofes**, der seinerzeit der B 56 Platz machen musste, dient heute als Mahnmal zum Gedenken an die Opfer des Faschismus. Drei Luxemburger, alle um die 20 Jahre alt, wurden hier am 23. August 1944 hingerichtet.

Vorbei an dem Gelände des Kanuclub Delphin führt der Weg auf eben diese B 56, der wir über die Troisdorfer Aggerbrücke folgen, zurück zu unserem Ausgangspunkt.

Gefleckter Aronstab

Foto: Werner Funken

Fliegenbergheide • Foto: Stefan Pütz

Fliegenberg-Tour

Im roten Meer der Heide

Strecke:
8,4 km

Piktogramm:
Schafskopf

Diese Tour ins Naturschutzgebiet Wahner Heide startet im heutigen Landschaftsschutzgebiet des **Waldparks**. Nachdem die Straße „Am Waldpark" zum Waldweg geworden ist, folgt wenig später ein Holzkreuz, das den Scheitelpunkt des Troisdorfer Rundwanderwegs markiert. Wir folgen dem gelben Heidschnucken-Kopf in linker Richtung.

Dass dieser Teil der Heideterrasse mit seiner historischen Gestalt nichts mehr gemein hat, sondern 1939 im damaligen Stile angelegt wurde, ist schon angesichts der Rhododendren schwer zu übersehen. Und wo vor hundert Jahren die Troisdorfer Heide blühte, hatten die Förster schon vor vielen Jahrzehnten ihre damalige Modepflanze, die Kiefer *Pinus sylvestris* durchgesetzt.

Name und Abgrenzung der **Wahner Heide** gehen auf ihre langjährige militärische Geschichte zurück. Ab 1818 – die ersten Übungen fanden ein Jahr zuvor durch die 7. Artillerie-Brigade statt – dehnte das preußische Militär seine Übungsflächen von der Wahner Heide ausgehend nach und nach in

Stellungsbau der Fußartillerie 1906

Foto: Fritz Schneider Heimat- und Geschichtsverein Rechtsrheinisches Köln

die umgebenden Heide- und Waldgebiete, wie z.B. die Linder Heide oder die Kielsheide, aus, sodass irgendwann alles als Schießplatz Wahner Heide bezeichnet wurde.

Der erste Stacheldraht, auf den wir stoßen, ist jedoch kein militärischer. Es ist das Gelände der Zündhütchen- und Sprengkapselfabrik, der späteren **Dynamit Nobel AG** und heutigen Orica, das sich ab 1887 in die Troisdorfer Heide ausdehnte. Wäre sie seinerzeit von den Preußen in den Übungsplatz miteinbezogen worden, wäre die Troisdorfer Heide – wie auch der Großteil des ehemaligen Schießplatzes und heutigen Naturschutzgebiets – ohne diese Industrieentwicklung geblieben.

An die Preußen werden wir wieder erinnert, wenn wir den Mauspfad überqueren und in das Naturschutzgebiet eintreten wollen. „Lebensgefahr" prangt auf den rotweißen Schildern, die uns auf die Kampfmittelbelastung aus der Zeit des **Artillerie-Schießplatzes** und das daraus resultierende Wegegebot aufmerksam machen.

Aus den 1880iger Jahren ist überliefert, dass ein Mann namens Grützenbach von einem krepierenden Blindgänger getötet und, so die Erzählung, hoch über einen riesigen Wacholderbusch geschleudert worden sei. „In die Luft geflogen" ist seitdem hier kein Wanderer mehr, aber offensichtlich will es auch niemand darauf ankommen lassen.

Der Eichelhäherweg führt uns hoch auf den Telegraphenberg, vorbei an einer grünen Schneise mit Hochsitz.

Naturschutzgebiet hin oder her, hier wird auch gejagt, und zwar vom Bundesforstamt, vor allem auf eine Reihe von Paarhufern. Dazu gehört ein autochthoner, das heißt ein

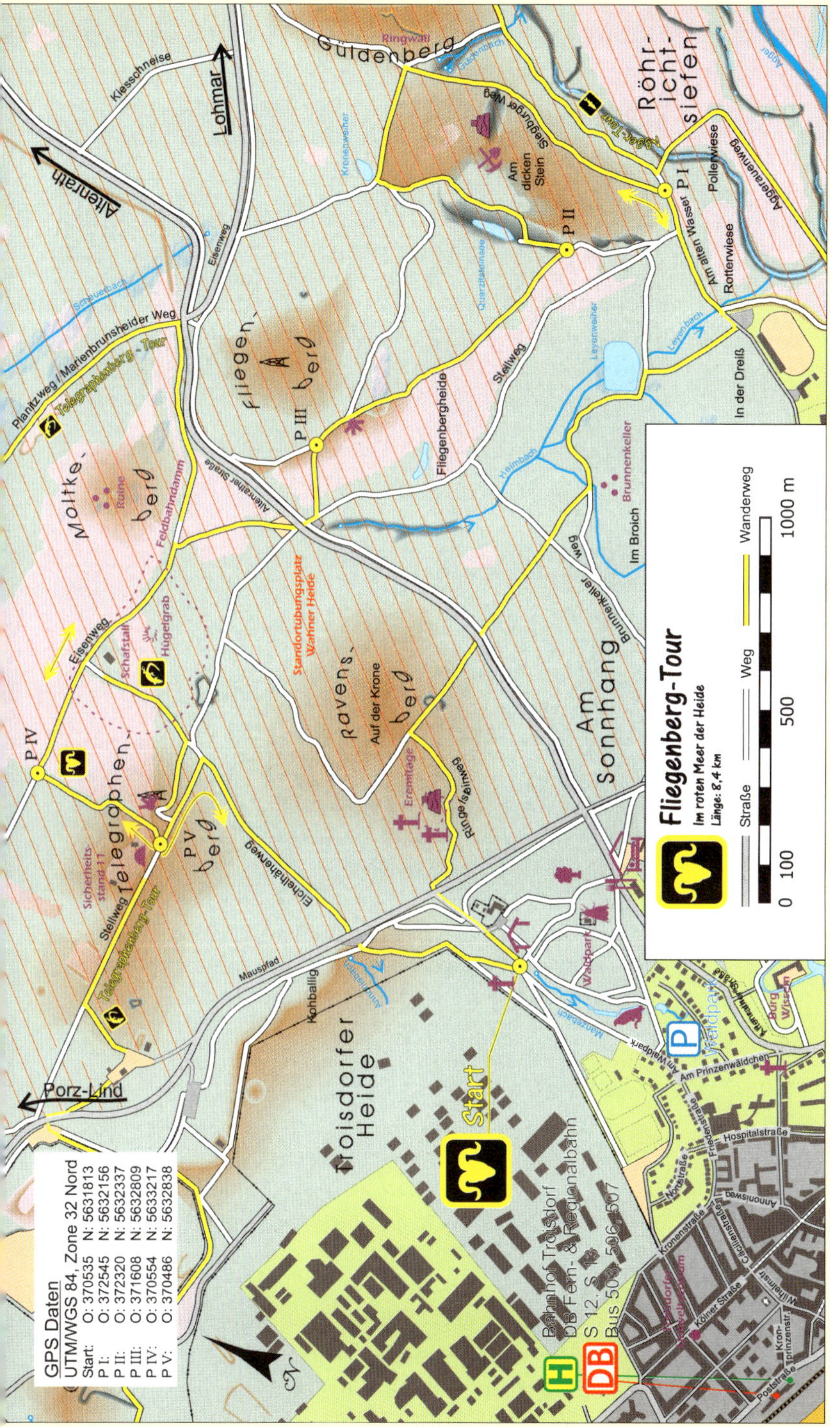

GPS Daten
UTM/WGS 84, Zone 32 Nord
Start: O: 370535 N: 5631813
P I: O: 372545 N: 5632156
P II: O: 372320 N: 5632337
P III: O: 371608 N: 5632809
P IV: O: 370554 N: 5633217
P V: O: 370486 N: 5632838
Fliegenberg-Tour
Im roten Meer der Heide
Länge: 8,4 km
Straße
Weg
Wanderweg
0 100 500 1000 m
Start
Bahnhof Troisdorf
DB Fern- & Regionalbahn
S 12, S 13
Bus 503, 506, 507
Porz-Lind
Altenrath
Lohmar
Troisdorfer Heide
Telegraphenberg
Moltkeberg
Fliegenberg
Ravensberg
Güldenberg
Röhrichtsiefen
Am Sonnhang
Standortübungsplatz Wahner Heide
Telegraphenberg-Tour
Agger-Tour
Am dicken Stein
Auf der Krone
Eremitage
Ruine
Hügelgrab
Schafstall
Sicherheitsstand 11
Ringwall
Brunnenkeller
Waldpark
Burg Wissem
Kiesschneise
Eisenweg
Plantzweg / Marienbrunsheider Weg
Altenrather Straße
Feldbahndamm
Stellweg
Eichelnhahnenweg
Mauspfad
Kohlbalig
Ringelsteinweg
Fliegenbergheide
Siegburger Weg
Am alten Wasser
Pollerwiese
Rotterwiese
Aggeraueweg
In der Dreiß
Im Broich
Brunnenkellerweg
Im Waldpark
Am Prinzenwäldchen
Hospitalstraße
Friedenstraße
Nordstraße
Kronenstraße
Annostraße
Cäcilienstraße
Kölner Straße
Wilhelmstr.
Poststraße
Kronprinzenstr.
Scheuerbach
Kronenweiher
Quarzitabbausee
Leyenweiher
Leyenbach
Heimbach
Agger
P I
P II
P III
P IV
P V

Rothirsch im Birkenbruch

Foto: Dirk Ferber

angestammter, nicht auf Aussetzung beruhender Bestand des Rothirsches *Cervus elaphus*. Unter anderem für diese werden **Wildäsungsflächen** ähnlich jener grünen Schneise betrieben. Die Düngung der mageren Sandböden geht eigentlich nicht mit den Naturschutzgeboten konform, aber schließlich bilden nur sehr wohlgenährte Männchen die begehrten, möglichst vielendigen Geweihtrophäen aus.

Der kleinere Damhirsch *Cervus dama* ist 1963 ausgesetzt worden. Natürliche Vorkommen gab es in Mitteleuropa seit der letzten Eiszeit nicht mehr. Während der **Rothirsch** in der zentralen Heide sein Haupteinstandsgebiet hat, trifft man die Damhirsche überwiegend in der östlichen Wahner Heide zwischen Krühmerich, Altenrath und Ziegenberg an.

Zumindest Reh *Capreolus capreolus* und **Wildschwein** *Sus scrofa* können hier am Telegraphenberg regelmäßig angetroffen werden, wenn auch – aufgrund ihrer aus der Jagd resultierenden Scheu vor dem Menschen – hauptsächlich nachts und in der Dämmerung.

Alte Keiler und die im Frühjahr Frischlinge führenden Bachen (Wildsauen) kennen die Wege der Wanderer sehr gut. Umso unangenehm überrascht können sie sein, wenn mal einer der Zweibeiner querfeldein läuft. Das soll schon einmal zu dem ein oder anderen Zusammenstoß geführt haben, Fälle mit Todesfolge sind bisher aber nicht bekannt geworden.

Daneben wird auch der Rotfuchs *Vulpes vulpes* bejagt, die heute größte von insgesamt sieben in der Wahner Heide vorkommenden, hauptsächlich nachtaktiven **Raubtierarten**. Es sind ansonsten allesamt Marderverwandte: Iltis *Mustela*

putorius, Baummarder *Martes martes*, Steinmarder *Martes foina*, Hermelin *Mustela erminea*, Mauswiesel *Mustela nivalis* und der Dachs.

Durch die Fuchsbaubegasungen des Forstamts wurde er auch in der Wahner Heide Mitte der sechziger Jahre ausgerottet. Anfang der Achtziger begann der **Dachs** – nachdem die Nachstellungen aufhörten und er auf die Rote Liste gerutscht war – unser Gebiet selbständig wiederzubesiedeln. Befahrene Dachsburgen, diese oft über Jahrzehnte hinweg durch einen Familienclan besiedelten Baue, sind inzwischen wieder fast überall in der Wahner Heide anzutreffen, insbesondere in den südlichen, nördlichen und östlichen Randgebieten. Ähnlich wie *Homo sapiens* ist *Meles meles* ein Allesfresser, allerdings machen seine wichtigste Grundnahrung Regenwürmer aus.

Blick vom Telegraphenberg 2004

Foto: Holger Sticht

hist. Foto: Blick vom Telegraphenberg 1942

Foto: Dr. Hubert Iven

Hoch geht es auf den höchsten Berg der Heide, den **Telegraphenberg**.

Eine grandiose Aussicht lässt die kleine Verschnaufpause zum Erlebnis werden. Vor uns breiten sich die „Grüne Hölle" der Scheuerbachsenke und die angrenzenden Höhen des Rheinischen Schiefergebirges aus. Allerdings kommt einem schnell die Anregung in den Sinn, das Gebiet „Wahner Wald" zu nennen. Tatsächlich bot sich einem noch in den Fünfziger Jahren des 20. Jahrhunderts ein endloser Blick auf offenes Heide-Buschland. Doch weil einerseits die traditionelle Landwirtschaft ausstarb und sich andererseits der Truppenübungsplatz von einem Schießplatz zu einem Panzerübungsgebiet mit entsprechend geringerem Freiflächenbedarf wandelte, schossen unzählige Birken und Espen ins Kraut.

Kaum ist der Gipfel gestürmt, geht es auf der anderen Seite auch schon wieder hinunter.

In der Serpentine passiert der Rundwanderweg linksseitig einen alten **Eichenniederwald**. Die einzelnen Bäume weisen – für Eichen unnatürlich – oft mehr als einen Stamm auf, der dann aber eher von kümmerlichem Wuchs ist. Es ist der ausgewachsene Stockausschlag solcher Eichen, die vor einigen Jahrzehnten abgeholzt worden sind.

In den **Erbenwäldern**, also den Wäldern der nutzungsberechtigten Einwohner, durfte nur „unschädliches" Holz – also keine Baumstämme – als Brandholz geschlagen werden, denn das Stammholz wurde als Bauholz benötigt. Deswegen ging man dort, wo es die Waldordnung erlaubte, zum Niederwaldbetrieb über. Hierbei wurde der Stockausschlag abgeholzter Bäume turnusgemäß – je nach Verwendung und Wuchskraft alle 2 bis 25 Jahre – „geerntet". Weil sich durch den Lichteinfall eine ausgeprägte Kraut- und Strauchschicht entwickelte, eigneten sich die Niederwälder außerdem für den Weidegang besser als die Hochwälder.

Die **Niederwaldwirtschaft** ließ sich natürlich nicht pausenlos fortführen, denn die Bäume erreichten nicht ihr natürliches Alter, und wegen der Beweidung kam es auch zur keiner Waldverjüngung. Außerdem musste ja auch der Stockausschlag erst einmal heranwachsen, denn nur Baumstämme von mehr als zwei Meter Höhe waren einigermaßen vor Ziegen sicher.

Daher wurden Wälder, die geschont werden sollten, durch die **Erbgenossen** und Erbherren mit so genannten Abhängungen markiert. Wer auf solche aufgehängten Zweige stieß, wusste, dass er solche Flächen mit seinen Tieren oder mit seiner Axt tunlichst zu meiden hatte.

Wer gegen die **Waldordnung** verstieß und beim unberechtigten Viehtrieb oder Holzeinschlag erwischt wurde, musste mit empfindlichen Strafen, zum Beispiel der Konfiszierung von Wagen oder Tieren rechnen. In den 90igern des 18. Jahrhunderts soll der für das Gebiet des Hauses Broich zuständige Waldaufseher sogar einen „Holzwilderer" erschossen haben. Die genauen Hintergründe der Tat sind uns nicht überliefert. Aber wir dürfen konstatieren, Verstöße gegen die Waldordnungen konnten Existenz bedrohende Ausmaße annehmen.

Kompensationsmaßnahmen gab es auch schon. Ein Dorf, zum Beispiel Spich, das hundert Rinder in den Wald trieb,

musste dafür jährlich 24 Eichen setzen. Die jungen Bäume wurden häufig mit Wacholderanpflanzungen umgeben, denn diese schützten am besten vor Wild- oder Viehverbiss.

Graugehörnte Heidschnucken

Foto: Holger Sticht

Wir stoßen auf den breiten **Eisenweg**, der uns gen Osten führt. Und dieser Eisenweg ist auch noch gleich eine uralte Handelsverbindung zwischen dem Siegener Raum und Porz-Lind. Der Name lässt darauf schließen, dass er insbesondere dem Transport von Eisenerz oder gar verhüttetem Eisen diente, vielleicht schon vor mehr als 2.000 Jahren.

Im Sommerhalbjahr, wenn die Heide einigermaßen Nahrung bietet, kann man hier bisweilen auf eine große, von Schäfer und Hunden gehütete Heidschnuckenherde treffen. Bevor sie in Sichtweite ist, wird man meist zuerst durch das Blöken und den strengen Geruch auf sie aufmerksam.

Die **Heidschnucke** ist eine alte kleinwüchsige Schafrasse, die an das karge Futterangebot in der Heide bestens angepasst ist. Als eine der wenigen Schafrassen stammt sie vermutlich von der europäischen Wildschafrasse, dem Mufflon *Ovis orientalis musimon* ab, und nicht vom russischen Arkal.

Das **Mufflon** ist wahrscheinlich vor etwa 3.000 Jahren in Mitteleuropa durch den Menschen ausgerottet worden, Wildpopulationen haben nur in den Gebirgen Korsikas und Sardiniens überlebt.

Die harte Heidschnuckenwolle wird heute nicht mehr für die Herstellung von Bekleidung, sondern nur zur Teppichherstellung und zur Hausisolierung eingesetzt. Dafür gilt das Fleisch als besondere Delikatesse.

Die Flughafen GmbH finanziert die Beweidung hier im Bereich des Telegraphenbergs, weil sie den Verlust von

Flächen, die durch den Flughafenausbau zerstört worden sind, ausgleichen muss. Die Verbissleistung der Heidschnucken soll bewirken, was auch die Heidebauern mit ihren Tieren Jahrhunderte zuvor erzielt haben: Eine strukturreiche Heidelandschaft.

Nachdem wir die Altenrather Strasse überquert haben, geht es gleich wieder hoch in die **Fliegenbergheide**. Es hat etwas von einem Spaziergang am Strand, wenn einem hier das Gehen durch den tiefen Flugsand erschwert wird.

Der Gipfel des mit 133 Metern dritthöchsten Berges der Wahner Heide ist heute bewaldet. Aber auch vom Südwesthang bietet sich einem der weite Blick ins Agger- und Siegtal mit der Siegburger Abtei auf dem Michaelsberg und dem dahinter liegenden Siebengebirge.

Und hier kommt endlich auch der Liebhaber der Lüneburger Heide auf seine Kosten: Ein **Heidekraut** *Calluna vulgaris*, auch Besenheide genannt, neben dem anderen. Sie ist eine Zwergstrauchart, die den ganzen Hang des Fliegenbergs im Spätsommer in ein zartes, aber leuchtendes Violett haucht.

Eine Verjüngung der ein paar Jahrzehnte alt werdenden Zwergstrauchheiden ist auf Dauer nicht möglich, wenn die von ihnen gebildete Rohhumusdecke nicht abgetragen wird. Denn der Heidehumus behindert durch seinen unausgeglichenen Wasserhaushalt die Entwicklung der Calluna-Keimlinge. Um es mit einfachen Worten zu umschreiben: Die

Wenn die Heide blüht

Foto: Dirk Ferber

Die Troisdorfer erzählen sich eine Sage, die erklärt, warum die Heide rötlich blüht:

„Von Anfang der Welt her blühte die Heide weiß. Als aber unter den Menschen der Krieg aufkam, da wurden vom Blute der Erschlagenen die Heideblümchen rot und sind es geblieben bis auf den heutigen Tag, dass ein weißer Heidebuschen eine Seltenheit geworden ist. Wenn aber eine reine Maid einen solchen findet, wird sie Braut noch im selben Jahr.“

Im roten Meer der Heide

Foto: Holger Sticht

Besenheide bettet sich ihr eigenes Grab. Den Humus entnahm früher der Heidebauer mit seinem Plaggenhieb, und so muss man diese Bewirtschaftungsformen nachstellen, wenn man Zwergstrauchheiden erhalten möchte.

Der Name Fliegenberg hat übrigens nichts mit dem Flughafen zu tun, er ist älter als sämtliche erfolgreichen Unternehmungen des Menschen, die Lüfte zu erobern. Im Volksmund früherer Jahrhunderte hieß er **Flienberg** oder Fletenberg, was einen Berg an einem Fließgewässer bezeichnet. Dies ist zurückzuführen auf den ehemaligen Verlauf des Agger-Flußbetts unmittelbar am Fuße des Fliegenbergs.

Dieser „unreine“ Ort ist der optimale Lebensraum der **Zauneidechse** *Lacerta agilis*, einer bundesweit inzwischen stark gefährdeten Echsenart, die ihre Eier im Dünensand vergräbt und von der Sonnenwärme ausbrüten lässt. Eine andere, ebenso bedrohte Reptilienart macht bevorzugt Jagd auf die

Mystische Stimmung ini der Fliegenbergheide

Foto: Stefan Pütz

Eidechsen: Die **Schlingnatter** *Coronella austriaca*. Dieser ungiftigen Schlange wurde früher oft zum Verhängnis, dass sie mit der giftigen Kreuzotter *Vipera berus* verwechselt wurde. Die letzten einigermaßen verlässlichen Angaben für das Vorkommen der Kreuzotter stammen zwar aus den 40er Jahren des vorigen Jahrhunderts – aber man kann ja nie wissen.

Nicht ganz so unangenehm, aber immerhin von der Schmerzhaftigkeit eines Wespenstichs soll der Biss der **Wespenspinne** *Argiope bruennichi* sein. Im Spätsommer spannt die zweitgrößte Spinnenart der Heide, die erst Anfang der 1980er Jahre im Zuge einer natürlichen Norderweiterung ihres Verbreitungsareals zu uns gekommen ist, zahlreich ihre Netze in der niedrigen Vegetation.

Die Fliegenbergheide ist nicht nur Lebensraum zahlreicher Tier- und Pflanzenarten, sie war es wohl auch immer wieder für den Menschen. 1982 sind hier Gräber des Germanenstamms der **Brukterer** entdeckt und ausgegraben worden. Sie müssen zwischen 75 bis 225 n. Chr. hier gelebt haben. Die Brukterer errichteten keine Grabhügel mehr wie die keltischen Volksstämme 500 bis 1.000 Jahre zuvor, sondern beerdigten ihre Angehörigen in ebenerdigen Brandschüttungsgräbern.

Wenn die Fliegenbergheide fast schon in die Aggeraue mündet, biegen wir links hoch in ein Birkenwäldchen. Dort wartet der **Quarzitsteinsee** darauf, von uns entdeckt zu werden.

Von 1882 bis etwa 1965 wurde hier durch den Quarzitabbau eine tiefe Schlucht in den Fliegenberg gegraben. Der hier abgebaute, im Erdzeitalter des Oligozän und Miozän

Weibliche Wespenspinne

Foto: Dirk Ferber

entstandene Quarzit wurde für den Straßen- und Mauerbau verwendet.

Auf der Sohle der Grube bildete sich der See aus, der wegen seiner Steilufer auch heute noch kaum Verlandungszonen mit Röhrichten aufweist. In eines der Steilufer baute die **Uferschwalbe** *Riparia riparia* bis Ende der 1970er ihre Brutröhren. Aus der Aggeraue war sie ja durch die Flussregulierungen verdrängt worden und hatte in der Grube einen Ersatzlebensraum gefunden. Unter anderem aufgrund der zunehmenden Bewaldung räumte diese gefährdete Vogelart hier ihr Brutareal.

Als Pfosten für die Absperrung der Grube wurden in der Nachkriegszeit Schienen der Feldbahn verwendet, die auch heute noch gut erkennbar senkrecht im Heidesand stecken.

1909 hat Carl Rademacher hier Reste eines germanischen Dorfes gefunden, das hier über sechs Jahrhunderte bestanden haben muss. Bei den Grabungen wurde die so genannte **Göttervase** entdeckt, die als Urne in einem germanischen

Männliche Zauneidechse

Foto: Frank Täufer

Göttervase

Foto: Carl Rademacher

Sumpffarn, Fieberklee und Seerose

Foto: Dirk Ferber

Entfernter Verwandter der Enziane: Der Fieberklee

Foto: Dirk Ferber

Brandgrab des 3. Jh. n. Chr. diente. Die so genannten Planetenvasen haben ihren Ursprung in Nordgallien, diese Nachbildung muss im Kölner Raum gefertigt worden sein. Sie ist also Importware und belegt damit die Einflüsse, die damals das römische, linksrheinische Germania inferior (Niedergermanien) auf das Germania libera (Freies Germanien) der rechten Rheinseite hatte. Die Göttervase ist im Römisch-Germanischen Museum in Köln zu bestaunen.

Der Weg bergauf führt durch einen Bergahornforst mit einzelnen Esskastanien *Castanea sativa* und endet vor dem **Kronenweiher**.

Bereits 1914 ist der Kronenweiher als Naturdenkmal festgesetzt worden. Dabei war er damals schon kein natürliches Gewässer mehr, sondern stark durch den Menschen überprägt.

Ursprünglich dürfte sich in dieser Geländemulde ein Heidemoor ausgebildet haben. Das aber wurde mittels eines Entwässerungsgrabens trocken gelegt, um den Torf einfacher stechen zu können. In einer Mächtigkeit von über einem Meter ist hier der Torf ausgebeutet und das Moor damit zerstört worden.

Dieser **Torfstich** entwickelte sich, nachdem der Entwässerungsgraben nicht mehr unterhalten wurde, zu einem kleinen stehenden Gewässer, dem Kronenweiher. Und der ist in den vergangenen 100 Jahren immer weiter zugewachsen und verlandet. Wir beobachten hier die überaus langsame natürliche Regeneration eines Moores.

Hier finden wir typische Bewohner solcher sauren **Verlandungssümpfe**: Den Wassernabel *Hydrocotyle vulgaris* und die in NRW gefährdeten Sumpffarn *Thelypteris palustris* und Fieberklee *Menyanthes trifoliata*. Wer die Vegetation nicht schädigen und außerdem nicht als Moorleiche enden möchte, sollte am sicheren Ufer bleiben.

Hainsimsen-Buchenwald des Güldenbergs

Foto: Holger Sticht

Der Weg bergab führt uns an den imposanten Südwesthang des **Güldenbergs**.

In den beiden letzten Jahrhunderten vor Christus lebten auf der Hügelkuppe Angehörige eines keltischen Volksstammes in einer Wallburg. Von dem wegen seiner Form „**Ringwall**" genannten Kulturdenkmal erkennt man heute nur noch unscheinbare Erdwälle, da die Bestandteile aus Holz längst verrottet sind.

Bemerkenswerter ist da schon der **Hainsimsen-Buchenwald**. Mehr als 200 Jahre alte Baumgreise bevölkern die Bergkuppe noch genauso wie das Namen gebende kleine Binsengewächs *Luzula luzuloides*.

Die alten und daher totholzreichen Buchen sind bevorzugter Lebensraum der größten europäischen Spechtart, des **Schwarzspechts** *Dryocopus martius*. Seine großen Nisthöhlen wiederum dienen zahlreichen anderen Arten als Brutstätte, zum Beispiel der Hohltaube *Columba oenas*, aber auch mehreren Fledermaus- und Wespenarten. Wenn der Kleiber *Sitta europaea* solche Schwarzspechthöhlen in Lehmbauweise verkleinert, sind sie auch bezugsfertig für Meisen und den Trauerschnäpper *Ficedula hypoleuca*, für Hummeln und Bilche wie den Siebenschläfer *Glis glis*. Im Totholz der Buchen leben zahlreiche Kerbtiere und deren Larven, die einigen der genannten Arten als Nahrung dienen, zum Beispiel zwei bundesweit stark gefährdete Käferarten: Der **Pflanzenkäfer** *Allecula rhenana* und der Pochkäfer *Grynobius planus*.

Totholz stellt eine wichtige Lebensgrundlage für zahlreiche Arten dar: Buche in der Zerfallsphase.

Foto: Dirk Ferber

Sie alle profitieren hier von der Nutzungsaufgabe der Forstwirtschaft. Leider sind solche **Waldreservate** selbst in einem international bedeutenden Naturschutzgebiet wie der Wahner Heide immer noch eine Ausnahmeerscheinung. Es wird Zeit, dass von Förstern ebenso viel Verantwortungsbewusstsein für den Schutz der Landschaft abverlangt wird wie von Wanderern. Wie entscheidend dies ist für den Erhalt der Vielfalt, verdeutlicht das Schicksal des **Rotflügelligen Halsbocks** *Leptura erythroptera*. Die Art lebte hier am Güldenberg im Totholz einer alten Kopfbuche. 1951 wurde der Baum durch Förster entfernt, seitdem ist die Art im Rheinland ausgestorben.

Auf dem Siegburger Weg wandern wir langsam ins Aggertal hinab, und anschließend noch ein paar hundert Meter „Am alten Wasser". Den Fluss bekommen wir allerdings nicht zu Gesicht, ist er doch noch einige hundert Meter entfernt.

Als wir an den Parkplatz am Aggerstadion gelangen, scheint unsere Tour auch bereits beendet zu sein. Doch glücklicherweise führt uns ein Weg in den Wald zurück, an den **Leyenweiher**.

Bei diesem Gewässer handelt es sich um einen bereits vor 1845 angelegten Stau-Teich. Der Leyenbach wurde hier mit einem Damm aufgestaut, unter anderem um Teichwirtschaft betreiben zu können. Mit der künstlichen Gestalt erklärt sich auch das relativ steile, und daher mit nur einem schmalen **Verlandungsröhricht** bekleidete Ufer. Häufige Arten wie Breitblättriger Rohrkolben *Typha latifolia* und Rohr-Glanzgras *Phalaris arundinacea*, aber auch die landesweit gefährdete Steifsegge *Carex elata* sind hier vertreten. In größeren Tiefen siedeln ansehnliche Bestände der **Seerose** *Nymphaea alba*.

Hainsimsen im Buchenwald

Foto: Holger Sticht

Heute gibt es immer noch einen Fischbestand, allerdings von naturnaher Größe. So konnte sich der Leyenweiher mit 15 Arten wieder zu einem der libellenreichsten Gewässer des Heidegebiets entwickeln. Die Größte von ihnen ist die von Anfang Juni bis Anfang September fliegende blaue Königslibelle Anax imperator. Mit etwas Glück verirrt sich auch mal ein **Großes Granatauge** *Erythromma najas* ans Ufer. Normalerweise verlässt diese hellblaue Kleinlibelle mit den rubinroten Augen die Schwimmblätter der Seerosen nicht. Sie alle müssen auf der Hut sein, nicht in die Reichweite einer Wasserfroschzunge zu geraten. Und die Wasserfrösche *Rana „esculenta"* wiederum machen besser einen Bogen um die nordamerikanischen **Schmuckschildkröten**, die hier seit den achtziger Jahren durch überdrüssige „Tierfreunde" ausgesetzt wurden.

Wasserfrosch ruht auf einem Seerosenblatt

Foto: Dirk Ferber

Der Brunnenkellerweg führt am Leyenweiher vorbei, hin zu den eingestürzten Resten eben dieses **Brunnenkellers**. Dies ist eine Art naturnaher Kühlschrank des 19. Jahrhunderts, um 1850 erbaut. Denn mit Hilfe dieses Bauwerks konnte der Heimbach aufgestaut und Kannen mit frischer Milch kühl gelagert, entsprechend länger haltbar gemacht werden. Die Kühe standen auf der angrenzenden Broicherwiese, die seit Jahrzehnten aufgeforstet ist.

Der letzte Berg, den es auf dieser Tour zu erklimmen gilt, ist der **Ravensberg**. So gut wie oben angekommen geht es links hinein in eine Buchenschonung, die glücklicherweise schnell durch den alten, verzaubert wirkenden Eichenwald der **Eremitage** abgelöst wird. Und diese mystische Ausstrahlung kommt nicht von ungefähr.

Geheimnisvoller Wald der Eremitage

Foto: Holger Sticht

1670 wurde hier eine zweigeschossige Franziskanerklause mit Wohnhaus, in der fortan mehrere Brüder wohnten, errichtet. Diese lebten vom Terminieren, auf gut deutsch vom Betteln, und das teilweise wohl nicht schlecht. Bis heute wird manchem von ihnen nachgesagt, dass er wusste, wie man Feste feiert. 1833 ließ der Kölner Erzbischof die „sündige" Einsiedelei abreißen.

Der **Ringelstein** – eine natürliche Quarzitplatte, die in der Mitte des Geländes zu sehen ist – diente Teilen der Kapelle als Fundament. Außerdem erinnern noch ein Fußfall, ein Gedenkstein und der Geländegraben an diese Zeit.

Hier am Ravensberghang fand man auch die ältesten Nachweise von Menschen im Heidegebiet. Bereits in der Altsteinzeit (die Funde stammen aus dem Zeitraum 200.000 und 180.000 Jahren v. Chr.) hatten Jäger und Sammler hier ihren **Werkstattplatz**. Auch während der folgenden Mittel- und Jungsteinzeit kamen Menschen hierher, um den Quarzit zu schlagen und zu Faustkeilen, Klingen und Kratzern zu verarbeiten. Im Mittelalter verbaute man die Steine als „Ravensberger Brocken", wie in der Remise der Burg Wissem.

Schaber aus der Jungsteinzeit

Foto: Archiv Matthias Dederichs

Unser Weg führt uns bergab, durch das Tor im Wildzaun hinaus aus dem Truppenübungsplatz, zurück in den heutigen Waldpark.

Auf dem Rückweg sind wir eigentlich ganz froh, noch durch den Stadtkern zu müssen. Hier tut sich noch die eine oder andere Gelegenheit auf, den Heidestaub von der Lunge zu baden und einem schmunzelnden Troisdorfer gegenüber damit zu prahlen, welch „zahllosen Gefahren", Zeppelinbomben, Gifttieren und Förstern, man getrotzt hat.

Blick vom Telegraphenberg 1995 • Foto: Holger Sticht

Telegraphenberg-Tour

Zwischen Binnendünen und Birkenbrüchern

Strecke: 10,7 km

Piktogramm: Eidechse

Auch wenn es noch nicht im Naturschutzgebiet Wahner Heide liegt – die Heideterrasse beginnt kurz hinter dem **Haus Broich**, und sie ist auch von den Besitzern dieses Ritterguts über Jahrhunderte hinweg genutzt worden.

Die ehemalige Wasserburg fand im 12. Jahrhundert erstmalig Erwähnung, doch das heutige Gebäude hat, abgesehen von den Grundmauern, mit den ursprünglichen Anlagen nahezu nichts mehr gemein. Nicht nur, dass die Wirren des Mittelalters ihren Tribut forderten, auch musste das 1623 neu erbaute Herrenhaus von 1973 bis 1975 aufgrund des schlechten Zustands teilweise abgetragen und wieder aufgebaut werden. Nach seiner Zeit als städtisches Jugendzentrum befindet sich Haus Broich heute wieder in privater Nutzung. Doch der angrenzende Burgpark mit dem Bürgerhaus ist ein Erholungsgebiet der Spicher geblieben.

Vor Haus Broich liegt ein imposanter, nachträglich nach der Eisensteingrube am Kollberg benannter Quarzitklotz: Der **Hunnenstein**. Wie sein großer berühmter „Bruder", der Hohlstein, ist er vor etwa 26 Millionen Jahren entstanden, im

Das Haus Broich im Jahre 1960

Foto: Archiv Matthias Dederichs

Gegensatz zu diesem befand er sich ursprünglich an einem anderen Platz.

Wenige Meter weiter verrät das Straßenschild, dass es geradeaus hoch zum Kollberg geht, doch um in die Wahner Heide zu gelangen, muss man auf der Waldstraße bleiben. Sämtliche Straßennamen der Neubausiedlung an der Alaunhütte, die wir nun streifen, bezeugen noch die bewegte industrielle Vergangenheit.

Die **Alaunhütte** entstand hier um 1815. Kalium-Alaun ist ein nach wie vor in der Chemie gebräuchlicher Begriff für Kaliumaluminiumsulfat-Dodekahydrat, eine farblose kristalline Substanz. Es ist seit dem Altertum bekannt, man gebraucht es zum Beizen von Stoffen, Gerben von Leder und in der Medizin als blutstillendes Mittel. So fehlte der Alaunkristall früher in kaum einem Haushalt. Vor allem beim Stillen von Blutungen nach dem Rasieren findet er bis heute Anwendung.

Luftaufnahme des Alaunhüttengeländes von 1955

Foto: Archiv Matthias Dederichs

Telegraphenberg-Tour
Zwischen Binnendünen und Birkenbrüchern
Länge: 10,7 km
Straße
Weg
Wanderweg
0 100 500 1000 m
GPS Daten
UTM/WGS 84, Zone 32 Nord
Start: O: 368166 N: 5632672
P I: O: 370545 N: 5632831
P II: O: 370360 N: 5634045
P III: O: 369771 N: 5633316
Abtshardt
Marienbrunsheide
Kaiser-höhe
Standortsübungsplatz Wahner Heide
P II
P III
P I
Wiemers Loch
Planitzweg / Marienbrunsheider Weg
Sallbach-hügel
Wichel-stöcke
Gräfenhardt
Altenrath
Porz-Lind
Camp Spich
Abraumhalde Alaunhütte
Kohlen-berg
Spicher Wald
Start
Waldstadion
Eisenweg
König-Baudouin-Weg
Katzbacher Waldweg
Denkmal für Belgische Soldaten
Stellweg
Moltke-berg
Ruine
Feld-bahndamm
Stompe Kroksje
Fliegen-berg
Fliegenberg-Tour
Schafstall
Hügelgrab
Telegraphen-berg
Sicherheits-stand 11
Forsthaus Telegraph
Deponie Haaneberg
Düffesbachweg
Kriegsdorfer Wald
Eschmarer Wald
An der Alaunhütte
Asselbachstraße
Waldstraße
Eichelhäherweg
Ravens-berg
Altenrather Straße
Hochbehälter 1903
Troisdorfer Heide
TROISDORF
TROISDORF Spich
Hohlstein
S 12, S 13 "Spich"
DB
Spicher Platz
Mauspfad
Linder Mauspfad
Belgische Allee
Hauptstraße
Burgstraße
Auf dem Lohmerich
Waldstraße
Niederkasseler Straße
N

Erst 1854 gelang es dem wegen des Brenners berühmten Chemiker Robert Bunsen, aus Alaunerde mittels Elektrolyse Aluminium in Reinform herzustellen.

Wie es der Name des Bergs schon verrät, Braunkohle hat man hier im **Johannesbergwerk** ebenso wie den tertiären Ton, in welchem die Braunkohle eingelagert ist, bis 1865 im offenen Tagebau gefördert und in der Alaunhütte zur Gewinnung des Alaunsalzes verarbeitet. Aber der **Kohlenberg** oder Kollberg, wie er im Dialekt heißt, gab noch einiges mehr her, zum Beispiel Raseneisenstein. Das ist ein steinharter, sehr eisenhaltiger, zur Verhüttung geeigneter Bodenhorizont, der in staunassen oder ehemals staunassen Gebieten nahe der Grasnarbe anstehen kann, und der hier ab 1853 abgebaut wurde.

Als dieses Raseneisenstein-Vorkommen 1881 erschöpft war, benutzte Besitzer Mehlem sein Bergwerksrecht dazu, den beim Abbau der Alaunerde angefallenen, auf Halde liegenden Ton für die Produktion von Steingütern einzusetzen. Der Nachfolgeunternehmer ließ dann auf dem Alaunhüttengelände 1900 ein Falz-Ziegelwerk – die Spicher nannten es **Pannenschoppen** – errichten, allerdings nur mit kurzfristigem Erfolg.

Ab 1909 betrieb hier Jean Wester eine Schamottsteinfabrik, eine Fabrik für feuerfeste und säurebeständige Steine, und baute die notwendigen Ton-, Kies- und Quarzitsandvorkommen sozusagen vor der Haustür ab. Rechnet man das Nachfolgegewerbe mit ein, wurde auf dem Gelände der Alaunhütte bis 1976 produziert. Erst in den Jahren 2000 und 2001 wurden sämtliche Fabrikgebäude abgerissen und die heutige Wohnsiedlung aus dem Boden gestampft.

Wo die Waldstraße auf die Asselbachstraße stößt, befinden sich Start- und Endpunkt des Rundwanderwegs. Die Asselbachstraße, benannt nach dem unweit von hier im **Eschmarer Wald** fließenden Gewässer, führt uns mitten durch das ehemalige, heute bewaldete Abbau- und Abraumgebiet, steil hoch auf die rheinische Mittelterrasse. Die Asselbachstraße wird auf der gegenüberliegenden Seite des Mauspfads zum Katzbacher Waldweg, und dieser führt uns durch die Kiefernforste der Gräfenhardt.

Hier befindet sich noch eine großflächige **Abraumhalde** aus der Zeit des Alaunhüttenbetriebs. Einen der recht langen, drei

Kennart des Torfmoos-Erlenwaldes: Der Rippenfarn

Foto: Werner Funken

bis vier Meter hohen und nebeneinander aufgeschütteten Erdwälle erkennt man an einer Stelle auch gut vom Weg aus.

Kurze Zeit später überqueren wir den heutigen, künstlichen Verlauf des **Katzbaches**. Eine ganze Weile begleitet er uns in einem Graben parallel zum Wanderweg.

Leider sind die meisten Bäche der Wahner Heide zumindest abschnittsweise im 19. oder 20. Jahrhundert aus forstwirtschaftlichen oder militärischen Gründen begradigt oder in tiefe Gräben gezwängt worden, um ihre Einzugsgebiete trocken zu legen. Es wird wahrscheinlich noch Generationen brauchen, bis all diese Schäden beseitigt sind.

Zumindest der **Rippenfarn** *Blechnum spicant* hat als eine der wenigen Arten diese Eingriffe in seinen Lebensraum, den Erlen-Sumpfwald, kompensieren können. Einige der vergleichsweise kleinen, aber dennoch auffälligen Pflanzen mit den kammförmigen Wedeln bevölkern die Grabenkante. Im Bergland ist die Art noch stellenweise häufig, hier in der Niederrheinischen Bucht gilt sie als gefährdet.

Wenn sich der dunkle Wald endlich öffnet, tut er dies für eine mit Sicherheitszaun, Stacheldraht und Flutlichtern bewährte Anlage. Eines vorweg: Das belgische **Munitionsdepot** wird noch überwacht, aber Belgier und Munition lassen sich hier nicht mehr finden.

Die Wahner Heide und ihre Siedlungen wurden ja im April 1945 durch amerikanische Truppen befreit, doch fiel unser Gebiet zunächst in die britische Besatzungszone.

Ab 1951 waren die belgischen Streitkräfte, die Anlagen wie Camp Spich, Camp Altenrath und dieses Munitionsdepot

Belgisches Munitionsdepot 2004

Sperrgebietsschild vor 2003

Fotos: Holger Sticht

bauten, hier stationiert. Weil sie mehrere Panzerübungsgebiete einrichteten und die Betretungsrechte der Bevölkerung beschnitten – die erste sogenannte **Mitbenutzungsvereinbarung** von 1968 erlaubte ein Betreten sonntags und samstags ab 13 Uhr – waren die belgischen Streitkräfte in der Anfangszeit nicht sonderlich beliebt. Aber aus den Besatzungsmächten wurden ja bekanntlich Bündnispartner, die ab 1985 dann sogar – zumindest auf Teilflächen – nach Plänen des Ökologischen Arbeitskreises Wahner Heide die ersten Naturschutzmaßnahmen zuließen. Als im Frühjahr 2001 die Nachricht kam, die belgische Regierung hätte den Abschied aus der Wahner Heide beschieden, wollten es viele ungern glauben. Doch am 7. Juni 2002 kam der belgische König Albert II. ins Spicher **Camp Baudouin**, um gemeinsam mit Bundespräsident Johannes Rau die belgischen Truppen offiziell zu verabschieden. Bis Anfang 2004 zogen sich die Streitkräfte dann endgültig von diesem Standort zurück.

Der Eisenweg führt uns rechts in die **Wichelstöcke**.

Der Wachelter, wie man den Wacholder *Juniperus communis* im Plattdeutschen nennt, gab dieser Flur ihren Namen. Das in der Wahner Heide einst weit verbreitete Zypressengewächs ist hier in der zweiten Hälfte des 19. Jahrhunderts fast vollständig ausgerottet worden. Zuvor hatten über viele Generationen hinweg genossenschaftliche Regelungen wie Weistümer und Waldordnungen eine Ausbeutung verhindert. Denn nachhaltige, auf langfristig gesicherte Ernten ausgerichtete Bewirtschaftung war überlebensnotwendig, erst recht bei diesem sehr langsam wachsenden Nadelgehölz. Als Räucherholz zur Konservierung von Fleisch und Fisch, als Schnitzholz zur Herstellung von Kübeln und Bütten, zum Vogelfang, zum „Körner kloppen", also zur Ernte der als Heilmittel und Gewürz begehrten Wacholderbeeren – man war auf den **Wacholder** angewiesen.

Als dann der preußische Staat die Flächen nach und nach zum Zwecke der militärischen Nutzung aufkaufte – und dies gelang ihm, weil den bisherigen Eigentümern bei fehlender Bereitschaft die Zwangsenteignung drohte – wusste dieser mit den Wacholderbeständen wenig anzufangen. Man gab sie der Plünderung preis, zum Beispiel durch den Verkauf an Kölner Metzger, und ließ die Wuchsplätze mit Kiefern aufforsten.

Wer den Truppenübungsplatz betreten möchte, der wird am Eingang freundlich darüber aufgeklärt, dass sein Leben in der Wahner Heide latent in Gefahr ist. Zumindest dann, wenn er die ausgewiesenen Wege verlässt. Gleiches vermitteln die Rote-Zone-Schilder am Zentrum der Landschaft.

Begründet liegen diese Hinweise in der preußischen Nutzung der Wahner Heide als Artillerie-Schießplatz. Vom 19. Jahrhundert bis in die Zeit des Ersten Weltkriegs wurde hier scharf geschossen, diente insbesondere das Zentrum der Wahner Heide Zielübungen der Kanoniere und später **Kriegsluftschiffen** als Bombenabwurfgebiet. Dass da noch einiges an Blindgängern und Munitionsrückständen in der Fläche sein muss, kann man sich an den noch vorhandenen Fingern abzählen.

Es ist noch gar nicht so lange her, dass man sich erzählte, noch kein Altenrather sei mit zehn Fingern in den Himmel gekommen. Dies lag allerdings weniger an deren Wanderlust am Querfeldeingehen, dies lag an ihren teilweise gefährlichen Nebenjobs. Der Zeitgenosse Hubert Lückerath, der von 1904 bis 1914 auf dem Übungsplatz arbeitete, hat uns dies nach einem Bericht von Jürgen Huck überliefert.

Während des Schießens lagen die **Bleimöpse** am Platzrand, und wenn die Signalkörbe nach dem Schießen heruntergingen, dann stürzten sie sich wie die Wilden auf das beschossene Feld, jede Gefahr missachtend. Das aufgefundene Metall

Das Silbergras ist eine Charakterart der Dünen

Foto: Hartmut Junker

wurde in Säcken fortgeschafft und gegen Gewicht beim Metallhandel Braschos verkauft.

Im Spicher Bleimopslied von Hans Brodesser heißt es:

„Ein Spicher Bleimops bin ich zwar,
verdien' mein Geld stets in Gefahr,
aber wenn Feinsliebchen am Schlagbaum ruht,
dann geht das Moggelen noch mal so gut."

Auf den Betonplatten müssen wir glücklicherweise nicht lange laufen, dann geht es auch schon links ab in die von weitem durch die Bäume hell schimmernden Offenlandbereiche. Und diesmal erwartet uns keine hermetisch abgeriegelte Grünfläche.

Es sind **Binnendünen**, natürliche Hügel aus Flugsand, die mit Abklingen der letzten Eiszeit, also in einem Zeitraum, der etwa 10.000 Jahre zurück liegt, aufgeweht worden sind. Es ist der trockenste und nährstoffärmste Lebensraum, den es bei uns gibt. Nur absolute Spezialisten schaffen es, hier ihr Auskommen zu finden. Und die kann man hier vom Weg aus bestaunen, zumindest im Frühling. Denn **Bauernsenf** *Teesdalia nudicaulis* oder Frühlingsspark *Spergula morisonii*, welche die Flugsandfelder hier zahlreich besiedeln, müssen ihre Fortpflanzung abgeschlossen haben, bevor die Jahreszeit der stärksten Verdunstung anbricht. Sie sind Leitarten der in

Nordrhein-Westfalen stark gefährdeten **Frühlingsspark-Silbergrasflur**, der für Binnendünen typischen Pioniergesellschaft. Diese Pflanzengesellschaft besiedelt den Sand also als erste, und wird im Verlauf der Vegetationsentwicklung durch zahlreiche folgende Gesellschaften, für welche die jeweilige Vorgängerin im wahrsten Sinne des Wortes den Boden bereiten muss, abgelöst. Die **Sandheide**, der in zahllosen Liedern und Filmen verehrte „Klassiker" unter den Heidegesellschaften, mit dem Heidekraut *Calluna vulgaris*, dem Englischen Ginster *Genista anglica* und dem Haarschwingel *Festuca filiformis* ist zum Beispiel eine solche Folgegesellschaft, die man hier überall auf den Dünenkuppen finden kann.

Spitze Dornen, zarte Blüten: Der Englische Ginster

Foto: Dirk Ferber

Nun hat der Mensch sämtliche Fluss-Systeme unserer Region verbaut und begradigt, neue Dünen und offene Sandflächen entstehen also nicht mehr auf natürliche Weise. Würde man nun hier in der Wahner Heide die Vegetationsentwicklung überall ungestört ablaufen lassen, bedeutete dies das Aus für zahlreiche Arten in diesem Land. Nicht nur für Pflanzengesellschaften, sondern auch für ihre tierischen Bewohner, wie zum Beispiel Kommafalter *Hesperia comma*, Gefleckte Keulenschrecke *Myrmeleotettix maculatus*, **Dünen-Sandlaufkäfer** *Cicindela hybrida* oder Gewöhnliche Ameisenjungfer *Myrmeleon formicarius*. Deshalb lässt man immer wieder kurzzeitig Schafe und Ziegen mit ihren spitzen Hufen, aber auch LKW der Bundeswehr auf diese Flächen, die den Sandboden stellen- und phasenweise öffnen. Eine intensive Fahrzeugnutzung wäre der guten Sache natürlich abträglich, alles ist nur eine Frage des Maßes.

Die Weiden-Sandbiene und ihre Kuckucksbiene

Foto: Dr. Inge Bischoff

Die in Nordrhein-Westfalen gefährdete **Weiden-Sandbiene** *Andrena vaga* ist eine typische Bienenart der Dünensande. Im Gegensatz zur Honigbiene ist sie nicht staatenbildend. Die Weibchen graben unabhängig voneinander – wenn auch häufig in sehr großen Kolonien – einen etwa halben Meter tiefen Gang in den Sand, der sich in mehreren Brutzellen verzweigt. Diese bestücken sie mit dem Ei und der Nahrung für die noch schlüpfende Larve. Weiden-Sandbienen sammeln Pollen und Nektar nur an Weidenarten, in der Wahner Heide an der im April/Mai blühenden **Ohrenweide** *Salix aurita*. Die neue Bienengeneration schlüpft schon im Hochsommer, krabbelt aber erst im folgenden März aus dem Sand. Es sei denn, die Rothaarige Wespenbiene *Nomada lathburiana* hat im vorherigen Frühling, während Andrena zwischendurch auf Pollensuche war, zugeschlagen und ein Ei in die Brutkammer gelegt. Sie ist nämlich eine so genannte **Kuckucksbiene**, die hauptsächlich bei der Weiden-Sandbiene parasitiert. Die Wespenbienenlarve frisst das Ei oder die Larve der Wirtsbiene und macht sich dann über den Pollenvorrat her. In diesem Falle erblickt eben die Wespenbiene das Licht der Dünen.

Ein letzter Blick noch auf den Dünenzug der Wichelstöcke, und es geht wieder hinein in den Wald. Doch nicht in irgendeinen Wald.

Das **Birkenbruch** ist nicht nur landesweit, sondern europaweit besonders geschützt. Nach europäischem Naturschutzrecht, der Flora-Fauna-Habitat-Richtlinie, ist das Moorbirkenbruch ein so genannter prioritärer Lebensraumtyp, er genießt allerhöchsten Schutzstatus.

Dieser nährstoffärmste und nasseste aller Waldtypen der Wahner Heide ist Lebensraum für den bundesweit gefährdeten **Königsfarn** *Osmunda regalis*, der mit seiner imposanten Statur von mehr als einem halben Meter Höhe gut vom Weg aus zu erkennen ist. Osmunda, die Gattung der Rispenfarne, ist aus dem Karbon fossil bekannt, das heißt sie lebte schon vor etwa 300 Millionen Jahren!

Moosarten wie zum Beispiel das gefährdete Sparrige **Torfmoos** *Sphagnum squarrosum* überdecken den Boden noch in den besser mit Wasser versorgten Bereichen. Ein Betreten des Bruchwaldes kann der Vegetation, insbesondere

Bundesweit gefährdeter Bruchwaldbewohner: Der Königsfarn

Foto: Holger Sticht

Drei Meter tiefer Entwässerungskanal

Foto: Thomas Stumpf

den trittempfindlichen Torfmoosen, irreversible Schäden zufügen und ist daher nicht erlaubt.

Unmittelbar an dem Bruchwald vorbei und unter dem Wanderweg her verläuft ein leise vor sich hin plätscherndes Gewässer. Was zunächst als Bach erscheint, entpuppt sich bei näherem Hinsehen, aufgrund des schnurgeraden und tief in das Gelände eingeschnittenen Verlaufs, als kleiner künstlicher Kanal, als **Entwässerungsgraben**.

In mehreren Entwässerungswellen von Ende des 19. bis Mitte des 20. Jahrhunderts wurde durch das jeweilige Militär nahezu die gesamte Scheuerbachsenke entwässert. Dabei wurden ganze Grabennetze angelegt, oder wie im Falle des Scheuerbachs und wahrscheinlich auch im vorliegenden Falle, natürliche Bäche und Siefen vertieft. Moore, Feuchtheiden und Bruchwälder degenerierten in der Folge, viele Arten wurden selten oder starben sogar aus. Der Pfeifengras-Birkenwald dominiert heute an deren Stelle.

Als wir den breiten Marienbrunsheideweg erreichen, stoßen wir auf einen Moorrest. Ohrweiden und Faulbäume *Frangula alnus* konnten sich hier allerdings schon in der Freifläche ansiedeln, weil auch die Drainagegräben am Wegesrand immer noch Wasser abziehen. **Weiden-Faulbaumgebüsche**

Skandinavische Verhältnisse: Birkenwälder der Scheuerbachsenke

Foto: Holger Sticht

stellen hier ein Sekundärwaldstadium dar, also eine frühe Entwicklungsstufe der Bewaldung, besiedeln aber unter natürlichen Bedingungen – auch in der Wahner Heide – Verlandungsgürtel stehender Gewässer.

Solche besonnten Ränder von Sekundärwäldern sind, insbesondere wenn mit der **Espe** *Populus tremula* die beliebteste Futterpflanze ihrer Raupen nicht weit ist, bevorzugte Lebensräume des vom Aussterben bedrohten Kleinen Schillerfalters *Apatura ilia*. An Frühsommervormittagen kann man den Kleinen, aber auch den weniger gefährdeten Großen Schillerfalter *Apatura iris* mit etwas Glück bei der Wasseraufnahme an Pfützen beobachten.

Viel häufiger als die Schillerfalter sind auch hier die Zitronenfalter *Gonepteryx rhamni*, deren Raupen sich von den Blättern des Faulbaums ernähren. Zur Flugzeit der **Schillerfalter** halten viele Zitronenfalter zwar schon ihren Sommerschlaf, dafür sind sie die ersten großen Schmetterlinge, die im Frühjahr auftauchen, weil sie beispielsweise im Gegensatz zu den Schillerfaltern als ausgewachsene Falter überwintern.

2004 hat die Stadt Troisdorf den durch das preußische Militär Ende des 19. Jahrhunderts erbauten Planitzweg auf ihrem Gebiet in „Marienbrunsheideweg" umbenannt – auf Porzer Seite gilt allerdings noch der ursprüngliche Name.

Der **Planitzweg** führt in Höhe des heutigen Geländes der DLR (Deutsches Zentrum für Luft- und Raumfahrt) in Lind vom Mauspfad ab. Von dort aus gab es in den vergangenen Jahrzehnten – und dies wird auch weiterhin so sein – aus militärischen Gründen keinen Zugang zum Gebiet. Auch für die sensiblen Feuchtbiotope der **Scheuerbachsenke** mit ihren teilweise störungsempfindlichen Wasservogelarten ist es von entscheidender Bedeutung, dass kein direkter Zugang vom Ballungsraum aus besteht.

Das alte preußische Pflaster ist stellenweise noch erkennbar, trotz diverser Überlagerungen. Der Planitzweg – oder Marienbrunsheideweg – stellte seinerzeit einen erheblichen Eingriff in die Landschaft dar, mehrere Moore wurden zerschnitten oder überbaut.

1991 erlangte der Planitzweg Popularität, weil eine von der Flughafen GmbH in Auftrag gegebene Perspektivstudie den Ausbau des Weges zu einer vierspurigen südlichen Straßenanbindung zum Flughafen vorsah. Diese Idee wurde allerdings bislang nicht in Angriff genommen.

Skandinavische Eindrücke werden bei dem ein oder anderen geweckt, wenn man die Scheuerbachsenke auf dem folgenden Kilometer erkundet. Ein schwarz-weißstämmiger Baum reiht sich scheinbar endlos an den nächsten.

Vom Aussterben bedroht: Der Kleine Schillerfalter

Foto: Georg Stahlbauer

Fitismutter füttert flüggen Jungvogel, trotz Zecke an der Kehle

Foto: Anton Luhr

Der **Pfeifengras-Birkenwald** ist ein recht artenarmes Entwässerungsstadium der Bruchwälder und Heidemoore. Die beiden vielleicht häufigsten Pflanzenarten der Wahner Heide, in der Krautschicht die nach ihrer Verwendung als Pfeifenreiniger benannte Grasart *Molinia caerulea* und in der Baumschicht die Sandbirke *Betula pendula*, dominieren hier.

Der **Fitis**- oder Weidenlaubsänger *Phylloscopus trochilus* ist die einzige Vogelart, die hier bevorzugt brütet. Anfang April, noch bevor die Birken wieder Laub tragen, kehren sie aus ihrem tropischen Überwinterungsgebiet zurück.

Wacholderdrossel im Wacholder

Foto: Monika Keller

Die **Waldeidechse** *Zootoca vivipara* wird in der Wahner Heide durch ihre körperlich überlegene Verwandte, die Zauneidechse, von den durchsonnten Heiden und Waldrändern in überwiegend geschlossene Waldungen wie diese hier verdrängt. Das kann der Waldeidechse aber nichts anhaben, denn sie muss ihre Eier ja nicht durch die Sonne ausbrüten lassen. Sie ist lebendgebährend, ebenso wie die Blindschleiche *Anguis fragilis*. Letztere wird leider häufig Opfer von Fahrrädern, weil sie, wenn sie sich morgens, noch träge von der kühlen Nacht, auf dem Waldweg sonnt, für nichts Lebendiges gehalten wird.

Erst nach einer Weile öffnet sich wieder eine Freifläche. Es ist die Düne, die man bisher **Planitzdüne** nannte. Nennen wir sie jetzt doch einfach mal „Marienbrunsdüne".

Leider ist sie heute weitestgehend vom Wald „umzingelt". Nur stellenweise erkennt man noch die Reste der Silbergrasflur, den schütteren Rasen dieser blaugrünen Grasart *Corynephorus canescens*.

Wenn die Düne nicht mehr „Wind und Wetter" ausgeliefert ist, entstehen keine neuen offenen Sandstellen mehr. Sie wächst infolgedessen immer weiter zu, und die Sandrasen-Vegetation wird verdrängt.

Auf der Dünenkuppe hat das Bundesforstamt **Wacholder** angepflanzt. Das war sicherlich nur gut gemeint, hat doch die Forstwirtschaft eine Hauptschuld am Verschwinden dieser einstigen Charakterart zu tragen. Aber Sinn hat es nicht, solange der Lebensraum des Wacholders, nämlich großflächige beweidete Heiden, nicht vorhanden ist. Denn diese lichtbedürftige Art ist nur dort konkurrenzfähig, wo das Wild oder das

Vieh Baumarten, die keine spitzen und dicht stehenden Nadeln besitzen, stärker verbeißt. Wenn die eingeleiteten Beweidungsmaßnahmen in der Wahner Heide fortgeführt und ausgedehnt werden, wird der „Wachelter" wieder fast von selbst einwandern – durch die **Krammetsvögel** und deren Kot. Denn die verköstigen sich immer wieder zuvor in Wacholdergebieten, und hatten den Wacholder ja einst auch auf diesem Wege in die Wahner Heide gebracht.

Straßenlärm macht sich nun leider wieder bemerkbar, und der Marienbrunsheideweg stößt auf den Eisenweg. Dabei überqueren wir die alte Trasse der **Feldbahn**.

1879 nahm das preußische Militär den Bau einer schmalspurigen Eisenbahnstrecke in Angriff, um den Transport von Munition, Baumaterialien und Personen in die teils moorigen und daher schwer zugänglichen Manöverflächen zu erleichtern. Die Strecke des „Bähnchens" wurde nach und nach erweitert, und machte in der Zeit des Ersten Weltkriegs von der Kaserne Wahnheide ausgehend eine große, eineinhalb Stunden dauernde Runde durch die Heide. Altenrath hatte damals sogar einen kleinen Militärbahnhof.

Als die Wahner Heide 1926 – nach Abzug der französischen Besatzer – erstmalig wieder ohne Militär war, wollte der Verkehrsverein Wahn die Feldbahn zwei Jahre später als „Ausflugsbahn" nutzen. Diese **Platzrundfahrten** scheiterten aber, weil weder das Reich als Bahnbesitzer noch die Versicherungen im Schadensfalle haften wollten. Schließlich war der Schießplatz mit Blindgängern übersät, und außerdem war das Bähnchen für seine häufigen Entgleisungen berüchtigt.

Die Feldbahn samt stolzer Betreiber, etwa um 1914

Foto: Historisches Archiv Köln

Regenbogen über dem Moltkeberg

Foto: Holger Sticht

Das Ende des Dritten Reichs brachte schließlich auch das Ende des Bähnchens. Unter anderem durch die Bevölkerung, die die Gleise als kostenlose Stahlträger beim Wiederaufbau ihrer Häuser nutzte, wurde sie abgebaut. Nur der oft meterhohe Damm erinnert heute noch an die Feldbahn.

Ein Volksfest, zu dem Menschen aus dem ganzen Rheinland, teilweise in Sonderzügen, herbeigeströmt sein sollen, wurde der Besuch von Kaiser Wilhelm II. am 8. August 1906. Nicht nur die Straße zwischen Bahnhof und Frankfurter Straße in Porz trägt seitdem den Namen „Kaiserstraße", auch hier in der Heide haben einige Orte einen entsprechenden Namen.

Der Kölner Stadt-Anzeiger berichtete tags darauf, der Kaiser hätte nach Besichtigung des pompösen Manövers nicht in dem eigens für seinen Besuch angeschafften Salonwagen, sondern in einem der gewöhnlichen Feldbahn-Waggons Platz genommen. Das waren damals eben noch unglaublich harte, famose Kerle!

Postkarte aus dem August 1906, zur Erinnerung an den Besuch Kaiser Wilhelm II.

Foto: Historisches Archiv Köln

Wir folgen dem Eisenweg herum um den ehemaligen Dahse- oder Dachsberg, der seit der preußischen Ära **Moltkeberg** heißt.

Moltke ist der Name eines alten mecklenburgischen Adelsgeschlechts mit berühmten Vertretern, unter ihnen der über eine Homosexuellen-Affäre gestolperte Freund Kaiser Wilhelm II., Generalleutnant Kuno von Moltke, sowie der Namen gebende, jedoch später aufgrund seiner Fehlleistungen während des Ersten Weltkriegs abgesetzte Generalstabschef Helmuth von Moltke der Jüngere und Helmuth James Graf von Moltke, Widerstandskämpfer im Dritten Reich.

Oben auf dem Berg bestand bis zu seiner Sprengung durch die Royal Army 1949 der **Moltkebergturm**, am Fuße der Feldbahn-Haltepunkt „Moltkeberg". Von der Hügelspitze hat man heutzutage nicht annähernd eine so gute Aussicht wie vom Telegraphenberg, deswegen sparen wir uns einfach die wegen der Munitionsbelastung ohnehin untersagte Gipfelstürmung.

An dem verlassenen Schafstall, hinter welchem der Weg hoch zum Telegraphenberg verläuft, befindet sich eine kleine, von einem Holzgeländer umgebene Grube. Dieser Anstich bietet einen Einblick in den hier vorherrschenden Boden.

Böden sind das Ergebnis einer weitergehenden Verwitterung der oberflächennahen Ausgangsgesteine. Hier am Fuße des Telegraphenbergs sind Flugsande das Ausgangsgestein für die Bodenbildung, und diese hat hier einen **Podsol** mit Plaggeneschauflage hervorgebracht.

Der im 19. Jahrhundert aus dem Russischen übernommene Begriff „Podsol" bedeutet „Ascheboden". Damit wird der unter der Rohhumusauflage anstehende, aschgrau gefärbte Bodenhorizont beschrieben. Durch saures Sickerwasser sind hier Huminstoffe ausgewaschen und in einen tieferen, dunkel gefärbten Horizont verlagert worden.

Podsole sind aus Sicht der Landwirtschaft ertragsarme Böden, da sie bei schlechter Wasserhaltekraft geringe Nährstoffvorräte und eine starke Versauerung aufweisen. Aus Sicht des Natur- und Landschaftsschutzes bieten sie eine entscheidende Lebensgrundlage für heute überwiegend gefährdete Pflanzengesellschaften der offenen Heidelandschaft. Der **Plaggenesch** der Podsole ist eine Rohhumusschicht, die durch die hier über Jahrhunderte hinweg durchgeführte Plaggen- und Schiffelwirtschaft entstanden ist. Beim „Plaggen heben" wird die Vegetation samt Wurzelwerk aus der Fläche entnommen. Diese Soden fanden beispielsweise als Stalleinstreu Verwendung. Den offenen Rohboden, der durch den Plaggenhieb entstand, konnte man ackerbaulich nutzen, die genutzte, mit dem Kot der Tiere vermengte Streu wurde dann als Dünger auf die Ackerböden aufgetragen.

Plaggenhieb um 1935

Foto: Oleg Woinoff

Ähnlich lief es bei der **Schiffelwirtschaft** ab. Auch hierbei wurde die Vegetation abgeschlagen, der Reisig aber nicht aus der Fläche entfernt, sondern zu kleinen Haufen zusammengetragen, die getrocknet und dann verbrannt wurden. Die erkaltete Asche wurde als Dünger auf der Fläche verteilt. Zwei Jahre war eine lohnende Ernte einzufahren, dann wurde die Fläche sich selbst überlassen, bis das Heidekraut neu und in angemessener Größe gewachsen war. Angebaut wurde vornehmlich **Buchweizen**, Hafer, Roggen, Hirse, Flachs und ab dem 18. Jahrhundert auch Kartoffeln.

Die höchste Erhebung der Wahner Heide, der 134 Meter hohe Telegraphenberg, ist das nächste Etappenziel. Eine im wahrsten Sinne des Wortes schöne Möglichkeit, über das eben durchwanderte Gebiet zu blicken.

Bis ins 19. Jahrhundert hinein hieß der **Telegraphenberg** Rodderberg oder Rotterberg, benannt nach dem südlich von Spich gelegenen Haus Rott, das im Mittelalter umfangreiche Nutzungsrechte im Altenforst besaß. Die Preußen benannten den Berg dann nach der 1834 an seinem Westhang erbauten Telegraphenstation.

In zahlreichen Veröffentlichungen über die Wahner Heide, aber auch als Name einer Troisdorfer Schule taucht der Name „**Altenforst**" immer wieder auf, in Karten findet man das Gebiet aber vergebens.

Der Altenforst entspricht in etwa der südlichen Hälfte der Wahner Heide, die heute zum Rhein-Sieg-Kreis gehört. Vor der Ausdehnung des preußischen Truppenübungsplatzes war es ein Heide- und Waldgebiet, das aufgrund der Besitzverhältnisse und entsprechender Gerichtsbarkeiten von dem Rest der heutigen Wahner Heide abgrenzbar war.

Noch auf dem „Hochplateau" des Telegraphenbergs schickt sich ein fünf Meter hoher Hügel an, dem eigentlichen Berggipfel den Höhenrekord streitig zu machen. Generationen von Wanderführern mögen hier ein Hügelgrab „verkauft" haben – am Nordhang gibt es tatsächlich ein entsprechendes Bodendenkmal – bis der Spicher Geschichtsforscher Matthias Dederichs die Wahrheit wieder „hervorkramte": Wir stehen vor dem **Sicherheitsstand 11**.

Zeichnung eines Sicherheitsstandes von 1888

Archiv Matthias Dederichs

Seit 1893 existierten rund um die Scheuerbachsenke zwölf solcher Sicherheitsstände, auf Altenrather Seite jene mit geraden, hier auf Spicher Seite solche mit ungeraden Nummern. Von dort oben wurden die Schießübungen der **Kanoniere** beobachtet und dokumentiert.

Unter Sicherheit versteht man heute allerdings etwas anderes, denn die Stände waren seinerzeit bestenfalls durch Sandsäcke gesichert. Da die eine oder andere Kugel auch mal über ihr Ziel hinausschoss, ließ so mancher Soldat schon beim Üben in der Heide sein Leben.

Dazu ein „Anekdötchen" vom bereits zitierten Zeitzeugen Lückerath:

„Geschossen wurde meist von Norden nach Süden, selten einmal umgekehrt.
Einmal, im Jahre 1911, wurde von der Wolfsheide in Richtung Lind geschossen, und eine Batterie schoss infolge einer Verwechslung der Ladung in die Wiesen bei Lind. Es war ein Blindgänger, der keinen Schaden anrichtete, der die beim Heumachen tätigen Bauern aber trotzdem in die Flucht schlug. Wir nannten ihn den Lindgänger."

Restaurant „Forsthaus Telegraph"

Foto: Holger Sticht

Weiter geht es den Stellweg hinunter. Nach einer Weile führt ein Trampelpfad in eine Fichtenschonung, geradewegs zum **Forsthaus Telegraph**. Das heutige Gourmet-Restaurant inmitten des beschaulichen Eichenwaldes hat wahrlich eine bewegte Vergangenheit hinter sich.

1832 ordnete König Friedrich Wilhelm II. von Preußen den Bau einer Optischen Telegraphenlinie an. Es wurde eine Kette von 61 Stationen eingerichtet, die sich von der Berliner Sternwarte über Magdeburg und Köln in das ehemals Kurfürstliche Schloß bei Koblenz zog. Damit wurde der Generalstab Preußens mit dem Oberbefehlshaber der Rheinprovinz verbunden. Man nutzte jede Möglichkeit, die Nachrichtenübermittlung zu beschleunigen, da man in Berlin um die westlichen Provinzen besorgt war, die noch keine zwei Jahrzehnte zu Preußen gehörten. Nach zwei Jahren Bauzeit wurde das Gebäude des **Sichttelegraphen Spich**, Nr. 53 der Telegraphenlinie, fertig gestellt.

Der wichtigste Bestandteil des optischen Telegraphen war ein Mastbaum, der die Plattform des Turms um 10 Meter überragte, und an dem sechs Flügel befestigt waren, mit denen bis zu 4.096 verschiedene Zeichen dargestellt werden konnten. In der damaligen Rekordzeit von 30 Minuten konnte ein Zeichen eines chiffrierten Staatstelegramms aus dem Rheinland nach Berlin gesendet werden – wenn das Wetter und die Lichtverhältnisse mitspielten.

1849 wurde die elektrische **Telegraphenlinie** von Berlin nach Koblenz gebaut, die optische Telegraphenlinie damit vom Fortschritt überholt und 1851 eingestellt. Der Turm wurde

wieder abgetragen und das Gebäude zum Forsthaus umfunktioniert.

Ab 1894 begann Förster Josef Kreutz damit, sein Salair mit der Bewirtung von Wanderern aufzubessern. Vor allem für die in Wahn stationierten Soldaten war das Forsthaus ein beliebtes sonntägliches Ausflugsziel. Das war die Initialzündung für die heutige Nutzung des Gebäudes.

Für diejenigen, deren Interesse an der Telegraphenlinie nun erst richtig geweckt worden ist: Station Nr. 50 in Köln-Flittard ist 1973 restauriert worden und dient heute als Museum.

Arbeitsplatz eines Telegraphisten

Entwurf einer Sichttelegraphenstation

Abbildungen: Rheinisches Bildarchiv Köln

Zwischen Restaurant und Pferdekoppel hindurch laufen wir hinunter zum Mauspfad und gegenüber in den **Spicher Broich**.

Vom sumpfigen Gelände, aus dem sich der Name ableitet, ist hier nicht mehr viel zu sehen. Dieses wurde leider, ebenso wie die Tongruben der diversen Steingutfabriken 1984 zu der heutigen, umzäunten Sondermülldeponie **Haaneberg** umfunktioniert. Auf dem 28 Hektar großen Gelände wird der Abfall mehrerer Chemiebetriebe „entsorgt".

Der Rundwanderweg führt uns an der Deponie vorbei durch den Eschmarer Wald. Dabei fällt man an einer Stelle beinahe über Pfeilerfundamente jener **Seilbahn**, über die der Quarzitsand einst vom Haaneberg hinunter in die Steingutfabrik Phönix transportiert worden ist.

Um den **Hohlstein** zu besichtigen, muss der Rundwanderweg allerdings verlassen werden.

Wenn wir auf die Waldstraße treffen, die in Sichtweite zur Spicher Siedlung unseren Weg kreuzt, und dort eher als Waldweg anzusprechen ist, geht es links statt rechts, dann tauchen wir bei nächster Gelegenheit in die Siedlung ein, biegen von der Rodderstraße in „Am Hang" ab, und der berühmt-berüchtigte Hohlstein wird nach der scharfen Kurve sichtbar.

Auch wenn er heute aufgrund von Sprengversuchen der französischen Besatzer nicht mehr seine natürliche Breite besitzt, die markante Höhlung ist eine natürliche Auswaschung dieses **Quarzitblocks**.

Zahlreiche Sagen und Mythen ranken um diesen Stein und bezeugen, dass er die Menschen seit jeher beschäftigt hat. Da gibt es den gefährlichen Riesen, der sich in der Nacht zum 1. Mai den Stein als Hut auf den Kopf setzt und Angst und Schrecken unter den Spichern verbreitet. Oder **die weiße Frau**, die den Hohlstein in gewissen Nächten dreimal umschreitet, zum Dorf Spich wandert und jedem, dem sie begegnet, eine Locke ihres Haares schenkt – die sich dann prompt zu Gold verwandelt.

Über die Hohlsteinstraße und die anschließende Hauptstraße machen wir uns auf in den historischen Ortskern Spichs – mit der Gewissheit, zum Ausgangspunkt zurückzufinden, und in der kühnen Hoffnung, der weißen Frau über den Weg zu laufen.

Beliebtes Ausflugsziel für Schulklassen: Der Hohlstein um 1940

Foto: Archiv Matthias Dederichs

Geschmorte Keule vom Zicklein aus der Wahner Heide

Von Thomas Pilger
Inhaber und Koch des Restaurant Forsthaus Telegraph

Zutaten für 2-3 Personen:

1 Zickleinkeule
1 Gemüsezwiebel
2 Karotten
viertel Sellerie
2 Eßl. Tomatenmark
0,3l Rotwein
Thymianzweig
Rosmarinzweig
Lorbeerblatt
Salz, Pfeffer aus der Mühle
Öl zum Braten

Zubereitung:

Die Zickleinkeule mit Salz und Pfeffer würzen und in heißem Öl scharf anbraten. Sobald die Keule rundherum schön angebraten ist, herausnehmen und das in grobe Würfel geschnittene Gemüse anrösten.
Wenn das Gemüse etwas Farbe bekommen hat, das Tomatenmark zufügen und nach und nach mit dem Rotwein ablöschen. Jetzt die Keule wieder in den Topf geben und mit etwas Wasser auffüllen so das die Keule nicht ganz bedeckt ist. Zum Schluss noch die Kräuter zufügen und das Ganze langsam im Ofen köcheln lassen. Die Keule mehrmals wenden und sobald sie fertig ist und schön weich herausnehmen. Den Bratensud jetzt durch ein Sieb passieren und noch etwas einkochen. Mit Salz und Pfeffer nochmals abschmecken und gegebenen Falls mit Mehlbutter oder etwas Stärkemehl abbinden.

Als Beilage passen Gratin Dauphinoise und ein Ragout aus verschiedenen Bohnen.

Wo gibt es was?

Bündnis für die Wahner Heide e.V.
Alte Feuerwache
Melchiorstr. 3
50670 Köln
Tel.: 0221 / 7392871
wahnerheide@hotmail.com
www.wahner-heide.com

Dachverband aus Vereinen, Initiativen, Arbeitskreisen, Parteien, Einzelpersonen. Mitglied sind u.v.a. BUND, RBN, NABU Rheinisch-Bergischer Kreis, VCD Köln und Umgebung, Lärmschutzgemeinschaft Köln/Bonn, Ökologischer AK Wahner Heide, Bundesverband Bürgerinitiativen Umweltschutz

Auch Sie können die Wahner Heide als Mitglied unterstützen.

Aufgaben:
Politische Gremienarbeit und Öffentlichkeitsarbeit, Stellungnahmen zu Planverfahren, wissenschaftliche Untersuchungen, Träger des Informationszentrum Wahner Heide

Spendenkonto 261 079 3013
BLZ 370 694 29
Volksbank Köln-Nord

Gedenkausstellung Gefangenenlager Hoffnungsthal
Geschichtsverein Rösrath
Haus Eulenbroich, Torhaus
51503 Rösrath
Das Torhaus ist donnerstags von 16 – 18 Uhr geöffnet
www.gv-roesrath.de
Besichtigung der Gedenkausstellung Gefangenenlager Hoffnungsthal

Informationszentrum Wahner Heide
Schaugelände:
Flughafenstr. 33
Troisdorf-Altenrath
Sonn- und Feiertags 10-17.00 Uhr
April bis Oktober geöffnet
Postadresse siehe Bündnis Wahner Heide
wahnerheide@hotmail.com
www.wahner-heide.com
www.heide-kids.de

Hier können Sie Ausstellungen und den naturnahern Garten besichtigen, Kartenwerke, Literatur, Informationsmaterialien, Veranstaltungsprogramme, Heideprodukte wie zum Beispiel Honig aus der Wahner Heide erwerben bzw. einsehen.

Die Wahner Heide Karte im Maßstab von 1:12 500 mit dem kompletten Wander-, Rad- und Reitwegenetz ist hier erhältlich, ebenso ein Naturführer für Ihre eigene Exkursion und fachkundige Betreuer Ihrer Kinder- und Jugendgruppe.

Das ganze Jahr über startet von hier an jedem ersten Sonntag im Monat um 14 Uhr der dreistündige Heidespaziergang.

Hier sind Sie sehr willkommen, wenn Sie auch etwas für die Wahner Heide tun möchten

INFO
Zentrum Wahner Heide

Heimat- und Geschichtsverein Troisdorf

beim Archiv der Stadt Troisdorf
Rathaus
Kölner Straße 176
Tel.: 02241 / 900135
Auskünfte und Quellen zur Geschichte des Gebiets

Militärgeschichtliche Sammlung Wahnheide

Gebäude 1 der Luftwaffenkaserne Wahnheide
Zugang mit Besucherausweis durch die Hauptwache (Flughafenstraße in Köln-Porz-Wahnheide),
Personalausweis nicht vergessen!
Dienstags von 10-12 Uhr geöffnet
Infos bei
Hauptmann a. D. Klaus Schleweit
Tel.: 02241 / 74296
Besichtigung der Militärgeschichtlichen Sammlung Wahnheide

Troisdorfer Umweltzentrum

Kölner Straße 126
Troisdorf
Öffnungszeiten:
Mo - Di 16-18 Uhr, Fr 15-18 Uhr, Sa 10-18 Uhr
U.a. baubiologische und Energieberatung, fair gehandelte Produkte, Literatur, Sitz des BUND Rhein-Sieg

Bundesanstalt für Immobilienaufgaben

Bundesforst Hauptstelle Wahnerheide
Schauenbergweg
Troisdorf-Altenrath
Tel.: 02246 / 4472
Hier können Sie einen Leseschein für die Holzentnahme, aber auch Wildfleisch aus der Wahner Heide beziehen

Landschaftsbehörden

Diese Ämter sind die zuständigen Behörden für das Naturschutzgebiet des jeweiligen Kreisgebiets. Sie koordinieren bspw. die Landschaftswacht in der Wahner Heide, sind für die Ausgabe von Reiterkennzeichen zuständig. Verstöße können Sie hier oder bei der nächsten Polizeidienststelle melden. Je nach Fragestellung sind auch die Städte Rösrath, Lohmar, Siegburg und Troisdorf zuständig. Der Regierungspräsident bzw. die Bezirksregierung koordiniert als höhere Landschaftsbehörde kreisübergreifende Planungen.

Bezirksregierung Köln
Dez. 51
Zeughausstraße
50606 Köln

Stadt Köln
Stadthaus
50679 Köln
Amt für Landschaftspflege und Grünflächen oder
Amt für Umwelt und Verbraucherschutz
Umwelttelefon 0221 / 221-22020

Rheinisch-Bergischer Kreis
Amt für Planung und Landschaftsschutz
Kreishaus
51456 Bergisch Gladbach
Tel.: 02202 / 13-2556

Rhein-Sieg-Kreis
Amt für Natur- und Landschaftsschutz
Kreishaus
53721 Siegburg
Tel.: 02241 / 13-2678

Gaststätten

Forsthaus Telegraph
Mauspfad 3
Troisdorf
Gourmet-Restaurant
www.forsthaus-telegraph.de

Haus Ravensberg
Altenrather Straße 49
Troisdorf
Lokale und internationale Spezialitäten
www.wald-hotel.com

Il Giardino
Hippolytusstraße 14
Troisdorf
Italienische Küche

Jägerhof
Rambusch 1a
Troisdorf-Altenrath
Gutbürgerliche Küche

Heideklause
Flughafenstraße 25
Troisdorf-Altenrath
Ausschank

Zur alten Fähre
Brückenstraße 18
Lohmar
Gutbürgerliche Küche
www.hotel-zur-alten-faehre.de

Waldschlösschen
Waldstraße 23
Troisdorf-Spich
Mediterrane Küche
www.waldschloesschen-spich.de

Piccola Gelateria
Rösrather Straße 19
Köln-Rath
Eis-Café

Waldhaus Königsforst
Baumschulenweg
Köln (Königsforst)
Internationale Küche;
angeschlossener Grillplatz
www.waldhaus-koenigsforst.de

Bambi
Brander Straße
Rösrath-Brand
Gutbürgerliche Küche

Hotels

Zur Alten Fähre
Brückenstraße 18
53797 Lohmar
Tel.: 02246 / 4561
www.hotel-zur-alten-faehre.de

Wald-Hotel
Altenrather Straße 49
53840 Troisdorf
Tel.: 02241 / 98240
www.wald-hotel.com

Haus Matu
Flughafenstraße 19
53842 Troisdorf-Altenrath
Tel.: 02246 / 2731

Hotel Heidekranz
Flughafenstraße 45
53842 Troisdorf-Altenrath
Tel.: 02246 / 9240-0

Glanrinderhof

Mohr/Pechau GbR
Brand 9 • 51503 Rösrath
Tel.: 02205 / 896183
Hier können Sie Produkte der Glanrinder aus der Wahner Heide beziehen.

Ziegenhof Stumpf

Großbliersbach 55 • 51503 Rösrath
www.ziegenhof-stumpf.de
Hier erhalten Sie die verschiedenen Produkte von Ziegen der Wahner Heide.

Literatur

ADAF Aktionsgemeinschaft der Ausbaugegner des Flughafens Köln/Bonn (1996): Der Flughafen-Wahn 1/96. Köln

ADAF & LSG Aktionsgemeinschaft der Ausbaugegner des Flughafens Köln/ Bonn & Lärmschutzgemeinschaft (1991): Der Flughafen-Wahn 9/91. Köln

Allexi, V. (1974) Erzlagerstätten und Bergbau im Raum Altenrath, in Troisdorfer Jahreshefte. Troisdorf

Arbeitskreis Heimische Orchideen NRW (2001): Die Orchideen Nordrhein-Westfalens. Düsseldorf

Bathen, M. & Sticht, H. (2001): Wanderführer Wahner Heide. Köln

Bathen, M. & Sticht, H. (2002): Erholungsraumkonzept Wahner Heide. Köln

Bayrische Landesanstalt für Wald und Forstwirtschaft (2000): Großtiere als Landschaftsgestalter – Wunsch oder Wirklichkeit? Freisingen

Bellmann, H. (1993): Heuschrecken – beobachten, bestimmen. Augsburg

Bellmann, H. (1993): Libellen – beobachten, bestimmen. Augsburg

Caspers, C., Kremer, B. P. (1982): Die Heideterrasse am Rande des Bergischen Landes, in: Schriftenreihe für Naturschutz und Landschaftspflege. Köln

Corbet, G., Ovenden, D. (1980): the mammals of Britain and Europe. London

Dornenberg, C. (1987): Die Wahner Heide 1933 – 1945, in: Geschichte der Wahner Heide. Arbeitsgemeinschaft Geschichte der Freiherr-vom-Stein-Schule. Rösrath

Dederichs, M. (1986-1989): Der Altenforst – Ein Beitrag zur Wald- und Forstgeschichte der heutigen Stadt Troisdorf. Jahrbuch des Rhein-Sieg-Kreises. Siegburg

Dederichs, M. (1989): Vor- und Frühgeschichte, in: Die Wahner Heide. Köln

Dederichs, M. (1994): Die Geschichte des Landschaftsraumes Wahner Heide. Köln

Dederichs, M. (1995): Erzählungen, Sagen und Geschichten aus der Altenforst-Heide, in: Troisdorfer Jahreshefte. Troisdorf

Dederichs, M. (1996): Bergbau in der Wahner Heide, in Jahrbuch des Rhein-Sieg-Kreises 1996. Siegburg

Dederichs, M. (1998): Troisdorf und seine 725 Straßennamen. Troisdorf

Dederichs, M. (2001): War Spich ein Bergarbeiterdorf?, in: Troisdorfer Jahreshefte. Troisdorf

Dederichs, M. (2002): Spich: Nachfolgefirmen der Alaunhütte, in Troisdorfer Jahreshefte. Troisdorf

Dederichs, M. (2004): Industrie in Spich und Oberlar, in Troisdorfer Jahreshefte 2004. Troisdorf

Dederichs, M., Schulte, H. (1998): Troisdorf. Erfurt

Diesener, G., Reichholf, R. (1986): Lurche und Kriechtiere. München

Döhring, H.-J. (1977): Heidedorf mit Sonderstatus, in: Troisdorfer Jahreshefte. Troisdorf

Düll, R., Kützelnigg, H. (1992): Botanisch-ökologisches Exkursionstaschenbuch. Heidelberg/Wiesbaden

Ellenberg, H. (1996): Die Vegetation Mitteleuropas mit den Alpen. Stuttgart

Erz, W. (1967): Flughafen – Truppenübungsplatz – Naturschutzgebiet?, in: Rheinische Heimatpflege. Köln

Ferber, D. (1996): Durch den Königsforst, in: Wasserlandschaften. Köln

Francke, U. (1999): Kannenbäcker in Altenrath. Siegburg

Geiser, R. (1992): Auch ohne Homo sapiens wäre Mitteleuropa von Natur aus eine halboffene Weidelandschaft, in: Laufener Seminarbeiträge 2/92. Laufen/Salzach

Gorissen, I. (1989): Die jüngere Landschaftsentwicklung der Wahner Heide, in: Die Wahner Heide. Köln

Gorissen, I. (1989): Die Moore der Wahner Heide, in: Die Wahner Heide. Köln

Gorissen, I. (1989): Heidegebiete und Naturschutz – eine historische Betrachtung, in: Die Wahner Heide. Köln

Gorissen, I. (1998): Die großen Hochmoore und Heidelandschaften in Mitteleuropa. Siegburg

Grünplan (1994): Landschaftsökologisches Gutachten für den Gesamtraum Wahner Heide und das Flughafengelände. Freising

Haas, P. (1984): Die Versuche zur Reprivatisierung Altenraths zwischen 1945 und 1968, in: Troisdorfer Jahreshefte. Troisdorf

Hallerbach, J. (1994): Flughafen Sonderrecht?. Köln

Hallerbach, J., Gotzmann, I., Pechau, M., Schmidtlein, S., Stumpf, Th., Würz, A. (1994): Die Wahner Heide. Köln

Hellmund, R. (1972): Biographie der Agger, in: Troisdorfer Jahreshefte. Troisdorf

Hellmund, R. (1984): Zeuge der Zeitgeschichte, Befragung zum „Altenrather Exodus“, in: Troisdorfer Jahreshefte. Troisdorf

Huck, J. (1963): Der Vogelfang, früher ein Jagdvergnügen, in: Unser Porz Nr. 5. Porz

Huck, J. (1969): Militärisches Leben auf der Wahner Heide, in: Unser Porz Nr. 11. Porz

Huck, J., Kloppelberg, C. (1963): Die Bienenzucht in der Stadt Porz. Porz

Iven, H. (1934): Vom Wacholder in der Wahner Heide, in: Rheinische Heimatpflege. Düsseldorf

Jungblut, P. (2004): Famose Kerle. Hamburg

Junker, H. & Junker, V. (2002): Die Wahner Heide – Bilder und Gespräche aus einer Kulturlandschaft. Wiehl

Kilian, B. (1998): Nachdruck der Rath/Heumarer Chronik. Köln

Kramer, M. & Kraatz, K. (1996) Die Heuschrecken von Köln, in: Insekten-, Spinnen- und Molluskenfauna der Großstadt Köln. Bonn

Limbach, F. J. (1969) Geschichte von Lohmar. Lohmar

LÖBF Landesanstalt für Ökologie, Bodenordnung und Forsten(1999): Rote Liste der gefährdeten Pflanzen und Tiere in Nordrhein-Westfalen. Recklinghausen

Mildenberger, H. (1982): Die Vögel des Rheinlandes. Düsseldorf

MUNLV Ministerium für Umwelt und Naturschutz, Landwirtschaft und Verbraucherschutz (2002): Rd.Erl. v. 6.12.2002: Umsetzung der FFH-RL und Vogelschutz-RL im Wald. Düsseldorf

MUNLV Ministerium für Umwelt und Naturschutz, Landwirtschaft und Verbraucherschutz (2001): Wanderfischprogramm Nordrhein-Westfalen. Düsseldorf

MURL Ministerium für Umwelt, Raumordnung und Landwirtschaft (1986): Fische in Nordrhein-Westfalen. Düsseldorf

Pahlow, M. (1993): Heilpflanzen. München

Pape, J. (1989): Die Großsäuger, in: Die Wahner Heide. Köln

Rademacher, C. (1927): Die Heideterrasse zwischen Rheinebene, Acher und Sülz. Leipzig

Rosenberg, J., Kreul, K. & Schlurmann, M. (1996): Untersuchungen zur Libellenfauna an ausgewählten Standorten in der Großstadt Köln, in: Insekten-, Spinnen- und Molluskenfauna der Großstadt Köln. Bonn

Rothmaler, W. (1994): Exkursionsflora von Deutschland. Jena

Sauer, E. (1955): Die Wälder des Mittelterrassengebietes östlich von Köln, in: Decheniana. Bonn

Siebert, J. (1989): Der Schießplatz zwischen 1918 und 1945, in: Die Wahner Heide. Köln

Schmidtlein, S. (1989): Flora und Vegetation, in: Die Wahner Heide. Köln

Schmitz, O., Stumpf, Th. (1989): Insekten, in: Die Wahner Heide. Köln

Schulte, A. (1974): Die Telegraphenstation am Ravensberg, in: Troisdorfer Jahreshefte. Troisdorf

Schulte, H. (1977): Haus Broich, in: Troisdorfer Jahreshefte. Troisdorf

Schulte, H. (1980): Streit um einen kleinen Bach, in: Troisdorfer Jahreshefte. Troisdorf

Walterscheid-Müller, B. (1988): Altenrath mit seinen Schulen. Lohmar

Stichwortverzeichnis